AK AU65ERKONTROLLE
MIT JOSIP RADOVIĆ

AUF STAAT
SEIN
NACKEN

AK AUSSERKONTROLLE
MIT JOSIP RADOVIĆ

AUF STAAT SEIN NACKEN

NIMM DIR ALLES, WAS DU KRIEGEN KANNST

riva

Bibliografische Information der Deutschen Nationalbibliothek:
Die Deutsche Nationalbibliothek verzeichnet diese Publikation in der Deutschen Nationalbibliografie; detaillierte bibliografische Daten sind im Internet über http://d-nb.de abrufbar.

Für Fragen und Anregungen:
info@rivaverlag.de

Originalausgabe
1. Auflage 2021

Türkenstraße 89
80799 München
Tel.: 089 651285-0
Fax: 089 652096

Umschlaggestaltung: Ben Baumgarten
Layout und Satz: Daniel Förster, Belgern
Druck: GGP Media GmbH, Pößneck
Printed in Germany

ISBN Print 978-3-7423-1208-2
ISBN E-Book (PDF) 978-3-7453-0874-7
ISBN E-Book (EPUB, Mobi) 978-3-7453-0875-4

INHALT

ICH BIN AUSSERKONTROLLE

Ich bin Davut, Dieb, Drogendealer. Straftäter. In Deutschland geboren, und doch ohne unbefristete Aufenthaltsgenehmigung. Ich bin Kurde. Ich bin Familienvater, Bruder, Sohn. Ich bin Musiker. Ich bin AK – AusserKontrolle …

1. BANDANA

Vom Gangster zum Rapper

Wedding, Turiner Straße Ecke Amsterdamer. Internetcafés, Spielos, Dönerbuden. Alles Multikulti. Das komplette Klischee. Es war 2010, Mitte Dezember. Später Nachmittag. Wir waren hier, um das Video zu »Das ist AK« zu drehen. Unser erster richtiger Song. Unser erstes richtiges Musikvideo. Wir waren die Letzten, die am Set erschienen. Fux und ich. Die Jungs warteten schon seit über einer Stunde auf uns. Es fing bereits an zu dämmern. Wir waren spät dran.

»Los«, rief der Kameramann. »Bevor das Licht weg ist.«

Ich hatte schwitzige Hände. Mein Schädel brummte. Ich hatte die ganze Nacht wach gelegen. Kein Auge zugemacht. Ekelhafte Selbstzweifel hatten mich gequält. Machte ich mich zum Affen, wenn ich mich als Rapper zeigte? Fickte ich mich selbst, wenn mich jeder in dem Video sehen konnte? Alles, was ich mir über die Jahre im Milieu aufgebaut hatte, konnte ich mir mit diesem einen Clip kaputt machen. Mit einer Aktion wäre alles im Arsch. Und ich für immer blamiert.

War es das wert?

Rapper sind Opfer. Waren sie für mich schon immer. Von Anfang an stand fest: Ich werde nie so einer. Jeder, der sich auf der Straße auskannte, wusste: Rapper waren Marionetten. Rapper waren diejenigen, die abdrückten. Die Schutzgeld an die Leute zahlten, die wirklich was zu sagen hatten. Jungs wie ich, die auf andere aufpassten, ihnen Schutz boten, ihr Rücken waren. Aber diese Typen, die Rapper, die dort oben auf der Bühne standen? Das waren Witzfiguren. Ohne Rücken waren die nichts. Als Rapper konntest du dir dein hartes Getue in den Arsch stecken. Deine »Karriere« war lächerlich, darauf gab niemand etwas. Ich nicht, und meine Kumpels, mit denen ich die Überfälle durchzog, noch weniger.

Ich hatte meine Karriere auf der Straße gemacht. Über Jahre hatte ich mir einen Ruf erarbeitet, meinen Status verdient. Die Rapper, die ich kannte, wünschten sich ein Standing, wie ich es besaß. Ich war real, sie waren fake. Sie wollten das Cash, überall erkannt werden, berühmt sein. Das war ihr einziger Antrieb – dieser Promi-Quatsch. Genau darauf hatte ich immer geschissen.

Ich, ein Rapper? Du hättest mich damals nicht krasser beleidigen können. Ich war 19 Jahre alt und hatte meine erste Haftstrafe hinter mir. Sechsundzwanzig Monate hatten sie mir aufgebrummt, zwei Jahre Knast. Es waren mehrere Einbrüche und Raub-Delikte zusammengekommen, für die ich mich verantworten musste. Vorher war ich mal mit Untersuchungshaft, mal mit Bewährung davongekommen, aber irgendwann war das Maß voll, und ich war eingebuchtet worden. Es hatte einfach keine Schlupflöcher mehr gegeben, die ich nutzen konnte.

Nachdem ich den Großteil der Haftstrafe abgesessen hatte, ohne mir was zu Schulden kommen zu lassen, durfte ich ein paar Monate früher raus. Ich chillte mein Leben, schlief jeden Tag aus, hing mit den Jungs ab. Ich verspürte keinen großen Druck, etwas tun zu müssen, erst mal ankommen in der Freiheit, dachte ich, ganz easy.

Mein Bro Deniz rief eines Mittags an, ob wir zusammen was essen gehen wollten, und eine halbe Stunde später stand er auch schon unten im Block. Er war immer mit seinem weinroten Benz unterwegs, ein altes Ding, aber ein echter Hingucker und topp gepflegt. Deniz kümmerte sich mehr um sein Auto als um alles andere, deshalb roch es in dem Wagen auch schlimmer als bei Douglas. Wir fuhren zu Imren Grill in der Müllerstraße, nur ein paar Minuten vom Leopoldplatz. Dürüm, Köfte, Adana Kebab, die stabilsten türkischen Gerichte und die heftigste Sesamsauce überhaupt. Ich hatte Bock auf Fasulye, eine traditionelle Bohnensuppe, Deniz bestellte Köfte. Und dann, wie es das Schicksal wollte, kam Hassan durch die Tür.

»Habibi!«

»Hassan, Bro! Was geht? Lebst du noch?«

»Safe, Bruder! Bist du wieder draußen? Haft ist rum, wa?«

»Ja, safe, Bruderherz. Endlich vorbei und wieder zurück im Kiez. Aber hier hat sich nicht viel verändert. Du siehst aus wie immer, Bruder.«

Hassan war ein dunkler Typ. Pechschwarze kurze Haare, Seiten auf null, Vollbart. Der übliche Südländer-Film. Bei uns im Wedding sah gefühlt jeder Zweite so aus, egal ob Libanese, Türke, Kurde oder Jugo. Er war seit jeher dünn und schlaksig.

Egal welchen Pulli er trug, er schien immer drei Nummern zu groß zu sein. Seine Hosen wirkten wie Baggys, auch wenn es normale Levi's 501 waren. Ich kannte Hassan seit frühester Jugend, hatte aber nie wirklich viel mit ihm zu tun gehabt. Er war einfach immer da und irgendwie sympathisch. Bis heute habe ich keine Ahnung, was der Typ eigentlich macht, wie er sein Geld verdient, aber irgendwie schlägt er sich wohl durch.

»Lass mal wieder chillen, Bro. Du hast safe ein paar geile Stories aus dem Knast zu erzählen.«

»Eigentlich gar nicht, Dikka. Totlangweilig da, ohne Witz. Aber lass chillen und einen buffen.«

Hassan erzählte, dass er seit ein paar Monaten eine kleine Wohnung hätte und ich einfach vorbeikommen sollte. Ich nahm das Angebot gern an, weil es immer entspannter war, bei jemandem zu Hause zu chillen, als irgendwo draußen im Park mit den Jungs auf Krampf. Wir tauschten Nummern aus, Deniz und ich nahmen unser Essen mit, verabschiedeten uns von Hassan und verschwanden aus dem Laden.

Abends schrieb ich Hassan direkt eine Nachricht und kündigte mich für den nächsten Nachmittag bei ihm an. Ich hatte ohnehin nichts zu tun.

Am nächsten Tag lief ich nachmittags über die Amsterdamer Straße zu Fuß zu ihm und hatte ein paar Gramm Gras dabei. Er wohnte in einem abgefuckten Altbau in einer Seitenstraße der Amsterdamer. Von draußen sah das Haus aus, als wäre es von Besetzern eingenommen worden. Die Fassade bröckelte, die Fenster waren 100 Jahre alt. Im Treppenhaus fiel der Putz von den Wänden, von der Decke hingen irgendwelche Kabel, richtiges Absturzgebäude. Seine kleine Wohnung dagegen war voll okay. Die klassische Einmannbude. Alles auf den fetten Fernseher ausgerichtet, vor dem eine PlayStation stand. Wir drehten uns zwei Joints ohne viel zu quatschen, und Hassan holte seinen Laptop aus dem Rucksack, noch bevor wir den ersten Zug genommen hatten.

»Feierst du Rap, Bruderherz?«

»Gar nicht, Bro. Warum?«

»Dein Ernst? Rappen ist beste, Bruder. Wenn man Talent hat, kann man mies Cash machen und sich was aufbauen. Ich habe mir ein Programm auf meinen Laptop gezogen, mit dem ich Beats selbst machen kann. Dann schreib ich meinen Text und kann mich mit dem Equipment easy aufnehmen. Ich kann alles selbst machen, keine große Sache, Bro.«

»Lass stecken, Dikka. Ich mach mein Ding, rappen ist nichts für mich.«

Er klappte seinen Laptop auf und ließ Musik laufen. Die Biggie- und Tupac-Songs, die in seiner Playlist in den folgenden Stunden regelmäßig zu hören waren, kannte ich noch, der Rest war mir fremd. Hassan chillte sich in den Sessel und versank in seinen Gedanken. Ich döste vor mich hin und merkte, wie er immer wieder aufstand und anfing, ein paar Zeilen zu rappen, so als wäre ich gar nicht da. Er nahm den Flow des Songs auf, der gerade lief, und quatschte einfach auf Deutsch drauflos. Er nahm ganz simple Doppelreime, *Haus* auf *Maus, machen* auf *lachen,* diese Filme. Dabei fuchtelte er auf krass mit seinen Armen, wie man es von den Ami-Rappern aus den Videos kannte.

Ich nahm ihn nicht ernst, aber ließ ihn machen. Ich wollte ihn nicht rasieren, weil ich merkte, dass er sich richtig reinsteigerte. Er glaubte wirklich, er könnte ein mieser Rapper werden und Cash machen.

Hassan war nicht so hardcore unterwegs wie ich. Er hatte nichts am Hut mit Scheiße bauen oder kriminellen Dingen. Er hat bloß immer viel gekifft. Hassan war einer, der über den Tag verteilt ständig chillen musste, um klarzukommen. Und wenn er nicht chillte, dann war Rap genau sein Ding. Er rappte auf Deutsch, was ich anfangs echt seltsam fand. Rap kannte ich eigentlich nur auf Englisch, dementsprechend verstand ich nie, was die Rapper da von sich gaben. Aber ich war eh nicht der Typ, der sich in die Texte anderer, zumal in einer fremden Sprache, reinsteigerte. Leute, die das taten, die ständig in der Welt dieser Musiker lebten, waren für mich Opfer. Ich war lieber auf der Straße.

Damals war die Straße mein Internet. Im Vergleich zu heute war das eine umgekehrte Welt. Heute kann man sich zu Hause den Laptop in den Schoß legen und die Welt digital ins Haus holen. Man kriegt alles mit und muss dafür nicht mal aus der Tür. Das war anders, als ich ein Teenager war. Wir hatten einen Fernseher in der Wohnung, und das war's. Man konnte sich das TV-Programm reinziehen und mehr nicht. Wenn man was erleben wollte, musste man raus auf die Straße, da war die Action. Und in meinem Kiez, im Wedding, da war jeden Tag was los. Die Kids spielten Fußball in den Käfigen, die Jugendlichen zockten in den Wettbüros, die alten Typen spielen Tavla auf den Parkbänken, und wer sich auskannte, bekam an bestimmten Ecken sein Dope. Wenn man die Müllerstraße ein paar Schritte hinablief, hörte man ständig eine andere Sprache. Deutsch, Türkisch, Kurdisch, Arabisch oder eine afrikanische Sprache. Es gab Dutzende klassische und Schnellrestaurants. Der Duft von gegrilltem Fleisch und südländischen Gewürzen hing ständig in der Luft, man kriegte automatisch Hunger, wenn man dort herumlungerte.

Als Elfjähriger ging ich manchmal auch ins Jugendzentrum, um mich mit den anderen zu treffen und zu chillen. Und weil sich dort alle in irgendeiner Art für Hip-Hop interessierten, setzte auch ich mich gezwungenermaßen mit der Musik auseinander. Die etwas älteren Jungs dort ermutigten uns mit dem Breakdancen anzufangen, was ein wichtiger Teil der Hip-Hop-Kultur war. Wieder andere waren Sprayer und hatten ständig eine Dose in der Hand, um das nächste Graffiti zu sprühen. Ich verstand schon, was diese Kultur ausmachte - aber ich selbst war nicht wirklich ein Teil davon. Ab und zu versuchte ich ein paar Dinge beim Breakdance. Man war eben ein heftiger Playboy, wenn man ein geile Sachen konnte wie den Helikopter. Das war eigentlich Standard, dass man das draufhatte, und nachdem ich es ein paarmal versucht und ein wenig trainiert hatte, war die Übung auch kein großes Problem mehr. Aber wirklich interessiert hat mich das nicht. Ich hätte niemals gedacht, dass ich eines Tages als Rapper eine Karriere starten würde.

Und dann lief mir Jahre später Hassan über den Weg, und ich landete wieder in dieser komischen Hip-Hop-Welt. Durch ihn checkte ich nach und nach, worum es eigentlich ging. Man versuchte im Hip-Hop eine Message zu vermitteln. Du erzählst, was du machst, denkst und erlebst. Du erzählst über deine Ziele, Träume, Erfahrungen. Du verpackst dein Leben in deine Sprache, rapst in deinem Flow und auf deinem eigenen Beat.

Aber Hassan rappte nur den üblichen Quatsch: Weiber und Kiffen, das waren seine Themen, da kam auch nicht viel mehr. Ich ließ ihn machen, weil ich gern zum Chillen in seine Wohnung kam, aber ich war nicht der Meinung, dass mir diese Musik mal irgendwas geben würde.

Seit 2007 kannte ich einen Typen namens Fux. Ich sah ihn immer wieder, weil er in denselben Kreisen verkehrte wie ich. Wir chillten wie immer bei Hassan auf der Couch, als eines Tages Fux wieder auftauchte. Fux konnte nie stillhalten, war immer voller Energie und redete ununterbrochen. Aber das, was er sagte, war cool. Sein Gelaber nervte nie.

»Du bist doch safe arabischer Kurde aus Mardin«, sagte er zu mir am ersten Tag.

»Woher weißt du das, Dikka?«

»Ich weiß es, Bruder. Du siehst eins zu eins so aus wie meine Kumpels, die aus Mardin kommen. Helle Haare, helle Augen. Ihr seht alle gleich aus. Ganz anders als die anderen Kurden. Ich bin Profi, Bro, ich seh das.«

Ich war baff. Dieser Typ saß gerade mal zehn Minuten mit mir im selben Zimmer und konnte mich schon besser einschätzen als viele, die ich länger kannte. Ich war geflasht, der Junge war mir sofort sympathisch.

»Du bist safe kriminell, Bruder«, schoss er hinterher.

»Was meinst du?«

»Ich seh's dir an, du ziehst krumme Dinge ab. Ob du mir glaubst oder nicht, ich seh' so was sofort. Ich hab dafür 'nen Blick.«

Das war irre. Der Typ hatte ein gutes Gespür, und er wusste Dinge über mich, die nicht mal meine Kumpels wussten. Es war, als ob er mich ewig kennen würde. Und zwar nicht oberflächlich, sondern richtig gut. Ich verstand mich mit ihm auf Anhieb.

Wir trafen uns häufiger und lernten uns besser kennen. Fux war das komplette Gegenteil von mir. Er hatte weniger mit meiner kriminellen Welt zu tun. Er hatte das Glück, schon sehr früh von der Musik eingenommen zu sein, sodass er weniger Zeit hatte, um auf der Straße zu sein. Was aber nie ganz gelang, weil er im Schöneberger Brennpunkt lebte. Er lebte im Ghetto und hatte trotzdem auch immer die Musik im Kopf. Die Musik war seine Welt – und darin war er ein Genie. Er konnte sogar mehrere Instrumente spielen.

Wie ich sprach er die Sprache der Straße, wir lachten über dieselben Dinge, kifften zusammen und konnten uns gut unterhalten. Die ganze Zeit redete er davon, wie krass es sei, Musik zu machen, eigene Texte zu schreiben, Beats zu bauen und Storys zu vermitteln. Musik war sein Leben, und er wollte, dass ich sie auch so fühlen könnte wie er.

»Bruder, du musst es probieren. Du kennst die Straße, du hast deine Geschichte, du hast es safe drauf. Komm schon. Hassan hat mir schon oft erzählt, dass du ein mieses Talent bist. Mach was draus.«

An meiner Meinung hatte sich zwar nicht viel geändert, ich hielt Rapper noch immer für Opfer, aber Fux war anders. Fux war kein Opfer, genauso wie Hassan. Das waren stabile Jungs und je mehr ich sie beobachtete, sah ich positive Dinge im Rap.

Er machte einen Beat an.

Ich rappte drauflos.

Fing tatsächlich Feuer.

Vergaß die Zeit.

Fux hatte mir ein Geschenk gemacht, ohne es zu wissen. Obwohl, vielleicht wusste er es auch, so wie er immer alles zu wissen schien. Es bockte mich extrem, mit ihm zusammen den ersten Song zu schreiben. Der Nachmittag flog vorbei, und bevor ich mich versah, war die Nummer im Kasten. Wenn ich ehrlich war, fand ich gar nicht so schlecht, was ich da hörte.

Bald trafen Fux und ich uns jeden Tag. Chillten zusammen in seiner winzigen Einzimmerbude, die eigentlich nur aus einer Couch und einem kleinen Tisch bestand, auf dem ein fetter Fernseher stand. Rechts von der Couch war ein Schreibtisch, Fux' ganzer Stolz: ein dicker, fetter PC, mit dem wir unsere Tracks machten. Anfang der 2000er-Jahre waren die Dinger noch viel klobiger als heute. Und rauschten mies. Ein klumpiger Bildschirm, eine Maus, eine Tastatur und zwei Tec-Boxen, aus denen der Sound kam. Das war unser ganzes Equipment. Und wir feierten es, als wäre es das fetteste Tonstudio überhaupt.

Fux zeigte mir, wie ich mit Fruity Loops meinen eigenen Beat auf dem PC basteln konnte und pushte mich immer weiter. Ich hatte keinen Bock auf Beats basteln, ich wollte, wenn überhaupt, nur rappen. Er sagte immer wieder, ich sei voll das krasse Talent und müsse mehr daraus machen. Er glaubte so sehr an meine Skills, dass sich seine Worte in meinen Kopf einbrannten. Irgendwann fragte ich mich, ob nicht doch etwas dran sein könnte. Fux hatte so viel Ahnung von der ganzen Sache, er würde mir ja keinen Scheiß erzählen. Texten, Rappen, Beats machen, das ganze Konstrukt eines Songs, das war etwas, was mich anturnte. Zusammen mit Fux ging mir der ganze Prozess leicht von der Hand. Alles fügte sich zusammen, wir harmonierten extrem. Mehr und mehr verstand ich, worauf es bei einem Song ankam. Mir gefiel es, über Lyrics Bilder zu vermitteln und dabei Geschichten aus meinem Leben zu erzählen. Der Rap wurde Teil meines Alltags.

Wenn wir zusammen chillten, guckten wir ständig YouTube-Videos. Mal schauten wir die Videos der besten Ami-Rapper, die gerade ihren Hype hatten, aber vor allem auch altes Zeug von Biggie, Tupac und TechNine. Das waren die wahren Kings, die hatten allen anderen den Weg geebnet. In Deutschland war die Szene noch nicht so ausgeprägt. Fux zeigte mir einen YouTube-Channel, der den nationalen Rappern eine Bühne bot, um auf sich aufmerksam zu machen: Thug Life Entertainment. Das sah alles sehr einfach gemacht aus, und das war es auch. Die schickten einen Typen mit einer halbwegs guten Kamera vorbei und ließen den Rapper in seiner gewünschten Umgebung dann seinen Song performen. Anschließend wurde das Material zusammengeschnitten, das Audiofile drübergelegt, und das war's. Da wurde nichts investiert oder vorbereitet, es war real und voll auf die Fresse.

Fux wurde ganz aufgeregt, während wir bei ihm in der Wohnung saßen und auf den Laptop starrten. »Wir werden unser Ding auch bei ›Thug Life‹ durchziehen. Die haben keine Wahl, Bruderherz, wir sind eine Macht.«

Er meldete sich extra bei YouTube an, um eine Nachricht an Thug Life schreiben zu können. Er machte keine Faxen und schrieb nur ein paar Sätze: »Wir sind AK aus Berlin und wollen von euch bei ›Thug Life‹ gefeatured werden …«

Fux zweifelte nie. Im Gegensatz zu ihm wurde ich allmählich nervös. Was sollte das alles bringen? Und vor allem: Wo sollte das hinführen? Denn eine Sache war safe: Niemals würde ich auf einer Bühne stehen und rappen. Niemals würde ich mies Cash machen mit meiner Musik und mein Gesicht in einem Video zeigen. Mein Status auf der Straße war mir wichtiger als irgendein Song. Seit ich aus dem Knast gekommen war, hatte ich nicht nur bekifft auf dem Sofa gesessen und an meinen Lines gefeilt. Ich war weiterhin eine ernst zu nehmende Nummer auf der Straße. Ich hatte meine Dinger im Wedding gedreht, das war mein Kiez, und ich hatte in Schöneberg auch einige Dinger abgezogen, was noch viel krasser war. Kiloweise Weed hatte ich denen geliefert, und die Leute verließen sich auf mich. Man kannte mich, alle machten gern mit mir Geschäfte. Es hatte Jahre gedauert, mein ganzes bisheriges Leben, bis ich mir einen Namen gemacht hatte und die Leute endlich checkten, dass ich kein Zinker war.

Aber niemand wollte Geschäfte mit einem machen, der in der Öffentlichkeit stand und die Medien auf sich zog. Sämtliche Partner hätten sofort gewusst, dass die Kripo meine Videos checkte, ein Auge auf mich hatte. Es war keine gute Visitenkarte für mein Business, wenn jeder wusste, dass ich ein Rapper war. Ich wollte mich nicht ruinieren mit nur einem Move. Ich hatte meinen Status, und der durfte unter keinen Umstanden unter der Musik leiden.

Doch dann sah ich zu Fux. Sah, wie sehr er für die Sache brannte. Er hatte enormes Talent, er verdiente diese Chance. Ich entschied, erst mal alles auf mich zukommen zu lassen. Vielleicht würden uns die Jungs von Thug Life ja auch gar nicht einladen.

Aber sie taten es. Fux bekam einen Anruf von Big Baba, einem anderen Rapper aus Schöneberg. Baba bekam mit, dass wir mit Thug Life Kontakt aufnahmen und bot uns an, gemeinsam einen Song zu machen, und auf Thug Life hochzuladen, um so mehr Leute zu erreichen. Wir überlegten nicht lange und ließen uns darauf ein. Fux hatte einige Beats am Start und schickte sie Big Baba. Einer der Beats gefiel ihm sofort und wir einigten uns sofort. Fux und ich schrieben in den kommenden Stunden zwei Sechzehner im Eiltempo, so als hätten wir nie etwas anderes gemacht.

Vier Tage später fuhren wir in der Schwerinstraße nach Schöneberg, wo auch das Studio von Big Baba war. Dort sollte auf die Schnelle ein Video entstehen. Alles auf low key, Hauptsache wir haben was in der Hand, um der Welt zu zeigen, dass wir es draufhaben. Als ich die Kamera sah, bekam ich Paranoia. Soll ich das wirklich riskieren? Rappen machte Spaß, aber soll ich das wirklich machen? Ist es das wert? Aber ich wäre nicht der Mensch, der ich heute bin, wenn ich nicht ein As im Ärmel hätte. Am Abend zuvor packte ich wie aus Reflex zwei Bandanas in meine Jacke, ein rotes und ein weißes. Ich hatte immer welche zu Hause liegen, da ich bei diversen Überfällen und Einbrüchen mit Bandana loszog, wenn ich keine Sturmmaske zur Hand hatte. So schützte ich mich vor Überwachungskameras und jetzt könnte ich mich vor dem Kameramann schützen. Bevor die Kamera losging, reichte ich Fux das rote Bandana.

»Was soll ich damit, Bruder. Wir sind hier nicht auf Beutejagd. Wir drehen ein Musikvideo.«

»Hahaha, Bruder. Glaub mir mal, lass uns lieber auf Nummer sicher gehen und unsere Identität verbergen. Sollte irgendwas schiefgehen, sind wir safe. Ich will mich nicht blamieren. Ich habe zu viel zu verlieren. Und du auch.«

Fux guckte mich skeptisch an, überlegte kurz und griff nach dem Bandana. Mir fiel ein Riesenstein vom Herzen, ich fühlte mich sicherer. Der Kameramann rief: »Es geht los. Jeder auf seine Position.«

Ich band mir das Tuch um, atmete schwer und zog mir die Kappe tief ins Gesicht. Ich vermummte mich, so gut ich konnte, und blickte zu Fux. Er sagte nichts. Wie Cowboys mit ihren Halstüchern standen wir uns gegenüber. Aber wir zogen keine Colts. Wir stürmten auch keinen Juwelierladen, wir raubten niemanden aus. Dieses Mal war alles legal. Und gerade deshalb musste ich mich vermummen.

Der Kameramann guckte verdutzt. »Mein ihr das ernst? Wollt ihr wirklich mit den Tüchern im Gesicht rappen?« Big

Baba machte auch ein ratloses Gesicht. Fux und ich reagierten gar nicht auf die Reaktionen der anderen. Wir waren schon im Film. Und wir hatten auch keine Zeit für Diskussionen.

»Ihr seid verrückt«, raunte der Kameramann uns zu. Das Licht war fast weg. Die Kamera lief, ich war im Film. Zwei Wochen später war das Ganze schon online. Ich war sehr gespannt auf die Resonanz und scrollte durch die Kommentare. Mir fiel direkt auf, dass die Leute auf mich und Fux hängen blieben. »Die zwei mit den Tüchern sind krass.« Ich las es überall. Nur positive Reaktionen.

Wir fackelten nicht lange, nur zwei Tage später kontaktierte Fux die Jungs von Thug Life. Wir wollten jetzt unser eigenes Video. Wir ganz allein. Ohne Feature. Thug Life stimmte sofort zu, sie waren begeistert von den Jungs mit den Bandanas. Wir passten perfekt in das Klischee, dass die Menschen vom Hip-Hop hatten. Ein Jackpot für Thug Life. Wir drehten ein zweites Video. »Das ist AK.« Ich fragte mich immer noch: Ist es das Wert? Ich hatte viel zu verlieren. Aber ich zog durch. Ich wollte Musiker werden.

2. ZIGARETTEN

Wie der Vater, so der Sohn

»Bro, wir gehen einen kiffen, das ist nichts für dich.«

»Warum aber?«, fragte ich.

»Du bist zehn, Dikka. Komm mal wieder runter.«

Hamudi und Abdulla wollten eigentlich meinen älteren Bruder Mohammed abholen, aber der war nicht zu Hause. Jetzt hatten sie stattdessen mich am Hals. Ich lief ihnen einfach hinterher, weil ich Langeweile hatte. Es war übel heiß draußen und drinnen in der Wohnung noch viel heißer.

»Erzähl du mir mal besser nicht, was ich tun soll und was nicht«, sagte ich. »Ich will mal probieren, Alter. Da ist nichts dabei.«

Ich konnte es nicht ab, für irgendwas angeblich zu jung zu sein. Das zu hören, spornte mich eher an. Wie erwartet war der Widerstand der beiden nicht sehr groß. So was wie eine Verpflichtung meinem großen Bruder gegenüber gab es nicht. Die beiden waren auch erst 13 Jahre alt und verzogene Bengel einer libanesischen Großfamilie, die mit uns verwandt waren. Ob ich mit zehn kiffte oder nicht, war ihnen völlig egal.

Direkt hinter unserem Wohnhaus war der perfekte Spot, um einen durchzuziehen. Das Hinterhaus, das direkt an den gepflasterten Hof angrenzte, war verwahrlost. Der Putz bröckelte an vielen Stellen, fast jedes Fenster war kaputt. Es glich schon fast einer Ruine, und ich konnte mich nicht erinnern, dass da tatsächlich mal jemand drin gewohnt hätte. Weil das Gebäude im Hinterhof lag, war es nie von irgendwelchen Besetzern oder Obdachlosen in Anspruch genommen worden. Jugendliche hatten sich oft drin versteckt, wenn sie rauchen oder kiffen wollten, aber ansonsten interessierte es einfach niemanden.

»Lass da rein, Alter. Da ist keiner, und wir können entspannt einen rauchen«, sagte ich.

Auch wenn die beiden aus der Gegend kamen und den Kiez kannten, wusste ich besser Bescheid. Das hier war mein Hinterhof, ich ging dort jeden Tag rein und raus und wusste, wo man unentdeckt bleiben konnte. Auch den Jungs war das klar, sie hinterfragten daher nicht, was ich vorschlug. Sie nickten es nur ab. Ich war frühreif, die Jungs wussten das auch und es imponierte ihnen auch, dass ich mit zehn Jahren schon so wortgewandt war und mir nichts habe sagen lassen.

Wir stiegen durch ein Fenster ein, das schon lange kein Glas mehr hatte, liefen hoch bis in den zweiten Stock und setzten uns auf die ersten Stufen der Betontreppe. Falls doch jemand kommen sollte, konnten wir uns noch schnell verstecken. Hamudi zückte den Joint aus seiner kurzen Hose und formte ihn halbwegs gerade. Er war in der Hosentasche aufgeweicht und zerknickt worden. Er steckte ihn sich zwischen die Lippen und zündelte mehrmals mit seinem blauen Feuerzeug am anderen Ende herum. Der Blunt glomm auf, und Hamudi pustete eine fette Rauchwolke aus seinen Backen. Ich hatte vorher schon häufiger mitbekommen, wie die Jugendlichen buffen, aber jetzt war ich endlich dabei. Irgendwie gehört das zum Erwachsensein dazu.

Hamudi gab den Joint an mich weiter. Ich zog an dieser dicken Zigarette und hauchte die Luft ganz vorsichtig wieder aus.

»Was soll jetzt dabei sein, Dikka?«, fragte ich. »Ich spüre gar nichts, ist wie eine normale Kippe!«

»Chill, Bruderherz«, meinte Abdulla. »Das schlägt nicht wie der Blitz ein. Das dauert immer ein bisschen, bis es wirkt. Bleib cool. Hast du überhaupt auf Lunge gezogen?«

»Klar, Dikka! Ich bin kein kleines Kind«, sagte ich.

Ich drückte den Joint wieder zwischen meine Lippen und nahm einen langen Zug. Diesmal hielt ich den Atem bewusst an, nachdem ich gezogen hatte, und konzentrierte mich richtig auf das Gefühl, das ich zu verspüren hoffte. Ich hatte es immer wieder von den Älteren gehört: stoned sein! Alles richtig entspannt und gechillt, ganz ohne Hektik erleben, fett sein. Ich aber spürte: nichts. Richtiger Absturz, dachte ich, das bringt gar nichts. Ich nahm einen dritten Zug, diesmal zog ich noch stärker, inhalierte den Rauch noch intensiver. Es war zu viel. Ich fing an, wie ein Kettenraucher zu husten.

»Gib doch mal ab, Bruderherz«, sagte Abdulla. Er wurde ganz nervös und rieb sich mit beiden Händen seine eh schon roten Augen. Unser Kollege Hamudi schlürfte richtig laut an seiner Capri Sonne.

Das Zeug war nichts für mich. Ich spürte nichts und hustete nur wie ein Idiot. Nach meinem Hustenanfall lachten mich die beiden Jungs aus, und ich wartete immer noch auf den Knalleffekt. Wann setzte es denn endlich ein, dieses gechillte Gefühl, von dem die anderen immer sprachen? Der süßliche Duft, den ich aus dem Park von den Kiffern kannte, entfaltete sich hier in dem vergammelten Hinterhaus auch nicht wirklich, also war ich mehr als enttäuscht von der ganzen Story.

Danach kann ich mich an nichts mehr erinnern. Irgendwann, es war gegen halb sieben abends, wachte ich im Wohnzimmer auf der Couch auf. Ich hatte keinen Plan, was passiert und wie ich hier gelandet war. Der Joint musste mich deutlich mehr weggespült haben, als ich anfangs dachte. Richtig mieser Blackout. Wegen ein paar Zügen. Mit zehn Jahren. Absturz! Mein Mund war total vertrocknet, und im Hals kribbelte es komisch, weshalb ich einen Liter Wasser auf ex trank. Für mich war klar, Kiffen ist nichts für mich. Meine Kollegen, die ein paar Jahre älter waren, schienen darauf kleben zu bleiben und rauchten täglich, aber für mich war das Thema erst mal abgehakt.

Was heute Marihuana ist, war früher Hasch. Alle haben nur Hasch geraucht, diese braunen Brocken aus gepresstem Harz. Gras oder Marihuana ist etwas anderes. Gras sind die getrockneten Knospen derselben Pflanze. Die älteren Jungs haben immer am Bolzer im Park oder am Freizeitpark gekifft. Die waren alle 16, 17. Und die Kollegen haben nicht nur geraucht, sondern auch getickt. Da hat keiner groß auf heimlich gemacht. Da hieß es immer ganz laut und bestimmt nicht hinter vorgehaltener Hand irgendwo im Gebüsch: Wer will ein Heck haben? Oder: Wer hat Platten?

Die haben immer über Platten geredet. Das war das Stichwort. Ich dachte mir nicht viel dabei. Als Zehnjähriger konnte man das einfach nicht ernst nehmen, wenn die Jugendlichen sich aufspielten und auf Ticker machten. Ich verstand nicht, was dahintersteckte, und ich war gleichzeitig trotzig, weil sie uns Jüngere und eben auch mich nicht einbezogen. Jeder kennt das.

Trotzdem bekam ich beiläufig mit, was da los war. Die Platten, von denen sie immer wieder sprachen, sah ich regelmäßig in ihren Händen. Mal in Klarsichtfolie gewickelt und mal ohne. Platten bestehen aus gepresstem Hasch und sehen so aus wie eine halbe Tafel Schokolade. Gras knallt noch etwas mehr als Hasch, wenn es nicht eklig gestreckt wird von den Dealern. Die meisten wollen so viel Cash machen wie möglich und mischen das Hash dann mit Sand zum Beispiel, bevor sie es zu einer Platte pressen. Auch vom Geschmack unterscheidet sich Hasch ein bisschen von Gras. Heute kann ich sagen, dass Hasch mehr nach Erde schmeckt und Gras eher pflanzlicher und süßlicher, was logisch ist, weil es die Knospe der Pflanze ist. Hasch wird aus ihrem Harz gepresst. Als Kind hatte ich von so was noch keinen Plan. Ich sah bloß, wie die Älteren mit dem Zeug hantierten, es rauchten und damit ihr Cash machten. Nach meiner ersten Erfahrung im Hinterhaus wollte ich damit aber eh nichts mehr zu tun haben. Ich rauchte viel lieber eine Zigarette, musste nie husten und hatte keine Filme mit Blackouts. Ich hatte keinen Bock auf den Kontrollverlust. Das war gar nicht mein Ding.

Mit normalen Zigaretten war ich seit frühester Kindheit konfrontiert worden. Mein Vater rauchte schon sein ganzes Leben lang Kette, und ich wuchs damit auf, meinen Baba mit einer qualmenden Zigarette in der Hand zu sehen. Er fand es selbst nicht gut, dass er so viel rauchte, aber er schaffte es bis zu seinem Tod (Allah yerhamo) nicht, damit aufzuhören. Es gab dafür einfach keinen ausreichend guten Grund – die Gesundheit zählte damals nicht viel. Er predigte uns Kindern trotzdem, dass Zigaretten Gift seien. Eine Abhängigkeit, die dem Körper schadete und obendrein Geld kostete. Was ein Vater eben seinen Kindern sagt, um sie vor Dummheiten zu schützen. Wie jeder gute Vater zählte auch Baba die ganzen Nachteile des Rauchens auf – und hatte dabei eine Zigarette im Mundwinkel.

So, wie er mit uns Geschwistern und mit mir im Besonderen sprach, förderte er keinesfalls meine Raucherei. Er predigte, so viel er konnte, um es zu verhindern. Nur, es half nichts. Ich wollte mein eigenes Ding machen. Ich war schon in frühem Alter ein kleiner Teufel. Ich tat, was ich für richtig hielt, und ignorierte das, was andere mir sagten.

Die Älteren haben geraucht, also tat ich es auch. Ich wollte, so kommt es mir heute vor, immer älter sein, als ich es war. Wenn wir zu Hause Besuch bekamen, chillte ich am liebsten mit meinem Vater und seinen Freunden im Wohnzimmer. Er rief mich sogar dazu, wenn Besuch kam. Ich setzte mich neben ihn, unterhielt mich mit den Erwachsenen und bespaßte ein wenig die Gesellschaft. Ich stellte Fragen, gab Antworten und lenkte das Gespräch damit eine Zeit lang wie ein Moderator. Ich war der Thomas Gottschalk im Wohnzimmer. Baba saß in seinem Ledersessel, die Gäste auf der grauen Eckcouch. Die war richtig fett, da konnten easy acht Leute drauf sitzen. Davor stand ein rechteckiger Couchtisch, den meine Mama immer reichlich deckte, mit Keksen oder Baklava. Mama macht bis heute die beste Baklava mit Pistazien der Welt. Ich habe nie eine bessere gegessen.

Wenn Besuch da war, haben alle viel gelacht und es gab immer etwas zu besprechen. Über die Familie, über das Befinden, über die Welt. Ich liebte es, mit Erwachsenen abzuhängen. Ich hatte automatisch das Gefühl, ernst genommen zu werden, schließlich waren das alles Menschen, die fest im Leben standen und etwas auf die Reihe bekommen hatten. Mit den Jüngeren zu spielen war dagegen null interessant.

Baba selbst hat nicht so viel gesprochen und stattdessen lieber den Männern in unserem Wohnzimmer zugehört. Er war kein Typ, der sich gern reden hörte. Er lehnte sich meist in seinem Sessel zurück, hielt eine Zigarette in der einen Hand und spielte mit seiner Tasbih, einer traditionellen Perlenkette in der anderen.

Seine Zigaretten waren ein Teil von ihm und sicherten uns als Familie eine Zeit lang das Überleben. Baba verdiente sein Geld oft auf dem Schwarzmarkt, wo er Zigaretten verkaufte. Er hatte nie im Leben etwas mit Drogen zu tun, er verabscheute das Zeug, aber Zigaretten waren sein Ding. Mit Drogen hätte er sicher mehr Cash machen können. Wir sind immerhin Kurden und Teil einer Großfamilie in Berlin, und Menschen mit diesem Hintergrund haben in der Unterwelt immer eine Rolle gespielt. Wenn mal was in den Medien aufpoppt und die Polizei einen Schlag gegen die Kriminalität inszeniert, fallen ständig dieselben Familiennamen. Und die haben oft einen ähnlichen Background wie wir. Mit anderen Worten: Mein Vater hatte safe viele Möglichkeiten, mit den krassesten Männern der Unterwelt Geschäfte zu machen, doch er entschied sich dagegen.

Die Verbindungen zwischen den Familien waren trotzdem immer da. Viele dieser Leute hatten eine ähnliche Story wie wir. Sie mussten viel Leid ertragen, ihr Zuhause verlassen, flüchten und sich in einem fremden Land anpassen und alles neu aufbauen. Es ist fast immer die gleiche Geschichte, das gleiche Leid. Man flieht aus dem Kriegsgebiet, sieht in dem fremden Land kaum eine Perspektiv, und dann bieten die Drogen vermeintlich einen schnellen Ausweg aus der Armut. In den 80er- und 90er-Jahren boomten Kokain und vor allem Heroin. Nur für Baba war das nie eine Option. Ich habe noch genau im Ohr, wie er immer wieder betonte: »Davut, lass die Finger von diesem Gift. Es verdirbt das Leben.«

Die Menschen, die alle geflohen waren und das gleiche Schicksal teilten, hielten zusammen. Meine Vorfahren, meine Tanten, meine Schwestern, sie alle heirateten in andere Großfamilien ein. Das geht schon über Generationen. So wurden die Familien und die Verwandtschaft größer, und der Zusammenhalt wurde noch enger.

Diese Entwicklung brachte es natürlich auch mit sich, dass Männer in den Familienkreis kamen, die in der Unterwelt keine unbekannten Gesichter waren. Innerhalb der Familie war das kein allzu großes Geheimnis, man wusste oder ahnte zumindest, dass der eine oder andere seinen Ruf nicht zufällig, sondern bewusst aufgebaut hatte. Für Baba war das nie ein Thema. Wenn einer der Männer, die sich die Baklava meiner Mama bei uns schmecken ließen, als stadtbekannter Drogenbaron sein Geld verdiente, dann war das eben so. Mein Vater nahm jeden herzlich auf und beschäftigte sich nicht damit, was die einzelnen Männer womöglich nachts taten und ob das mit dem Gesetz konform war. Es war einfach nicht seine Angelegenheit.

Als kleiner Junge hatte ich natürlich nicht den Hauch einer Ahnung von solchen Dingen. Erst viel später verstand ich die Zusammenhänge, als ein paar von den Jungs eingebuchtet wurden und das Ganze durch die Medien ging. Ich sah die Zeitung auf dem Tisch und erkannte die Namen wieder.

Für Baba war die Familie extrem wichtig. Für sie tat er alles. Auch wenn er ein sehr stolzer Mann war, er war nie zu stolz, um für die Familie zu schuften. Vom ersten Tag an hatte er es schwer, in Deutschland eine vernünftige Arbeit zu finden. Er kannte niemanden, den er um Hilfe bitten konnte. Niemanden, der ihm einen Job gegeben hätte. Niemanden, der ihn *brauchte*. Er heuerte bei verschiedenen Leihfirmen als Zeitarbeiter an und wechselte oft den Arbeitsplatz. Wenn er Arbeit hatte, dann vor allem bei Firmen, die etwas mit der Baubranche zu tun hatten. Er war handwerklich geschickt und konnte die üblichen Sachen, die auf dem Bau gefragt waren, gut umsetzen. Egal ob Maurer, Zimmermann oder Schreiner, Baba hatte immer einen Plan und ließ sich nichts zu Schulden kommen.

Trotzdem reichte das Geld hinten und vorne nicht. Und bei dem Zigarettenschmuggel konnte er dann wohl doch nicht widerstehen. Zigaretten waren für ihn eine ganz andere Nummer als Heroin und Kokain. Er machte da einen großen Unterschied. Zigaretten waren ein zu verschmerzendes Laster, das andere Zeug waren gefährliche Drogen.

Er hat mir nie erzählt, wie er ins Schmuggelgeschäft reingerutscht ist. Er verheimlichte seine Geschäfte zu Hause zwar nicht, aber er besprach sie auch nicht mit seinen Söhnen. Es fing damit an, dass er regelmäßig nach Polen fuhr. Er hätte zu arbeiten, sagte er immer, und ich dachte nicht weiter darüber nach, wenn der weiße Mercedes Sprinter vorfuhr, um ihn abzuholen. Baba stieg vorn in die Fahrerkabine ein, wo schon zwei Typen saßen, und kam erst abends zurück. Man sah ihm dann an, dass er krass müde war. Er redete nicht viel, aß zu Abend und verschwand ins Bett. Er tat, was er tun musste.

Obwohl es kein Geheimnis war, habe ich lange Zeit nicht verstanden, was es mit dem Sprinter auf sich hatte. Erst als es eines Tages an der Tür klingelte und zwei Männer mit mehreren Sporttaschen auf der Matte standen, habe ich es kapiert. Diese fetten schwarzen Nike-Taschen, die so groß waren wie Koffer und die man normalerweise vollpackte, wenn man in den Urlaub flog. Die Männer fragten nach Baba, also rief ich ihn zur Tür. Er begrüßte die beiden und bat sie herein. Sie liefen mit den Taschen direkt zu unserer Abstellkammer und packten

Unmengen von Zigarettenstangen in die Regale. Es waren mehr als Zehn Taschen. Die Typen liefen mehrmals rein und raus, um neue Taschen zu holen. Danach verschwanden die Männer wieder.

Von dem Tag an war der kleine Raum immer voll mit Zigaretten. Es sah darin so aus wie in einem Späti hinter der Kasse, alles voller Kippen. Manchmal waren die Regale übertrieben voll, sodass nichts mehr reinpasste, und dann wieder halb leer.

Nicht selten sah ich Baba die Taschen mit den Stangen vollpacken und aus der Wohnung tragen. Er nahm nie kleine Mengen mit oder gar einzelne Schachteln, sondern immer zwei oder drei Taschen voll mit Stangen. Heute weiß ich, dass er einen Teil davon direkt an so Typen weiterverkaufte, die ihm große Mengen auf einmal abnahmen. Den anderen Teil verkaufte er auf dem Schwarzmarkt am Potsdamer Platz – so wie ich es wenig später auch tat.

Es waren Sommerferien, und ich trieb mich tagsüber ständig irgendwo im Wedding herum und kam nur zum Essen nach Hause. Es war so heiß, dass einem eh nichts anderes übrig blieb, als ins Kombibad in der Seestraße zu gehen. Statt Urlaub wie bei anderen Kindern hieß es für mich und meine Jungs: Freibad. Baba kontrollierte mich nie, er wollte nie wissen, was ich den ganzen Tag machte. Er sagte immer nur, dass ich mich ordentlich benehmen sollte, wenn ich das Haus verließ.

Einmal kam er spät abends die Wendeltreppe herunter in mein Zimmer, ich schaute gerade mit meinem Bruder Mohammed fern, und setzte sich auf die Bettkante.

»Mohammed, Davut, ich brauche euch beide. Morgen müsst ihr mir kurz bei der Arbeit helfen.«

»Klar, machen wir«, antworte ich für uns beide.

»Was machen wir?«, fragte Mo.

»Wir fahren morgen zum Potsdamer Platz und machen ein paar Geschäfte. Ihr unterstützt mich bei der Sache und könnt euch dabei ein Taschengeld verdienen. Wir sind Partner.«

»Was für Geschäfte?«, fragte Mo.

Mich juckte das gar nicht. Ich hätte Baba bei allem geholfen. Er war unser Baba, und es war mir als Zehnjähriger eine Ehre, meinem Vater bei der Arbeit zu helfen, ganz egal was es war.

»Wir brauchen wieder ein bisschen Platz oben in der Abstellkammer und müssen ein paar von den Zigaretten aus der Wohnung schaffen und verkaufen. Geht ganz schnell. Wir müssen frühmorgens raus, gegen halb sieben. Ihr seid bald wieder zu Hause, das dauert nur eine Stunde.«

Baba stand auf, wünschte uns eine gute Nacht und ging nach oben.

Am nächsten Morgen weckte mich Mo, indem er mir gegen die Schulter boxte. »Steh auf, wir müssen los. Davut! Steh endlich auf! Baba wartet.« Mein Bruder war schon fertig angezogen und stand ungeduldig vor meinem Bett. »Komm jetzt. Geschäftemachen! Wir müssen los.«

Ich war es nicht mehr gewohnt, so früh aufzustehen, es war mitten in den Ferien, und ich war noch komplett von der Rolle. Ich quälte mich aus dem Bett, zog mir etwas an und ging ins Bad zum Zähneputzen.

»Komm, Junge, wir warten nur auf dich.« Mo hörte nicht auf zu nerven. »Das ist kein Spaß. Das ist echte Arbeit, da geht's auch um Pünktlichkeit.«

Baba wartete schon oben im Gang mit drei schwarzen Sporttaschen voll mit Zigarettenstangen. Wir gingen raus, es war kurz nach sieben, und ich bekam dieses geile Gefühl, vor allen anderen auf den Beinen zu sein. Ich freute mich auf den Tag. Ich würde Baba helfen, ich würde sogar Geld verdienen. Das ließ mich hellwach werden. Geschäftemachen mit zehn. Mieser Jackpot.

Wir nahmen Babas Golf und fuhren zum Potsdamer Platz. Ich hatte den Namen schon vorher gehört, konnte mir aber absolut nichts darunter vorstellen. Als wir ankamen, sah ich die fetteste Baustelle meines Lebens. Es war so, als würde hier eine neue Welt entstehen. Nie hatte ich so viel Kräne auf einem Haufen gesehen. Egal wo man hinschaute, man sah nur Baustellen, LKWs und Zäune. Jeder Typ lief mit einem Helm durch die Gegend, und ich kam gar nicht klar.

Wir wollen doch Geschäfte machen, dachte ich. Nicht auf dem Bau arbeiten. Im Wedding hatte ich noch Vögel zwitschern gehört, dieser Film, den jeder kennt, wenn er sehr früh morgens unterwegs ist. Alles ist ruhig, der Tag erwacht. Hier war das genaue Gegenteil. Man hörte nur Motoren, sah fette schmutzige Laster mit Kies im Anhänger, und alles war laut.

Wir gingen noch zehn Minuten weiter, bis wir an den Rand eines Parks kamen. Hier gab es keine Baustellen mehr, das Stadtbild normalisierte sich, aber es waren extrem viele Leute unterwegs. Als ob man in einen Bahnhof reingeht, nur eben im

Park. Die Leute unterhielten sich in den unterschiedlichsten Sprachen. Ich verstand mal ein paar Fetzen, dann wieder kein Wort.

»Wir sind da, meine Söhne. Das hier ist Schwarzmarkt und Arbeitsmarkt in einem. Hier kommen Leute her, die schnelle Arbeit suchen oder ein schnelles Geschäft machen wollen. Was wir hier machen wollen, ist nicht erlaubt, daher müssen wir uns beeilen. Sonst könnten wir auffliegen und von der Polizei mitgenommen werden. Dann haben wir nicht nur ein Problem mit dem Gesetz, wir verlieren auch alle Zigaretten und damit unser Geld.«

»Ja, aber wie soll ich ...«

»Keine Sorge, Davut. Alles wird gut. Dein Bruder und du ihr bekommt Zigarettenstangen von mir. Jeder bekommt vier Stangen, die ihr euch in die Jacke packt. Damit geht ihr los und deutet allen Männern, die hier in der nächsten halben Stunde herumstehen und Zigaretten verkaufen, dass ihr Marlboro Stangen habt, was für sie interessant ist. Die wissen, worum es geht, die sind jeden Tag hier. Es kann nichts passieren, ich habe euch im Auge.«

Ich wurde mies aufgeregt. Aber nicht, weil ich etwas Verbotenes tun sollte. Das Konzept verstand ich in dem Moment gar nicht so richtig. Ich wollte es einfach gut machen und mich nicht erwischen lassen, damit Baba stolz sein konnte. Aber wie? Wie sollte ich mich verständigen? Ich hatte um mich herum an diesem Morgen alle möglichen Sprachen gehört, aber kaum ein Wort verstanden! Daran, dass diese Typen mich abziehen konnten, verschwendete ich keinen Gedanken. Es ging mir nur darum, wie ich mich ihnen mitteilen sollte, um Geld zu machen.

Während diese Gedanken durch meinen Kopf schossen, gingen wir etwas weiter weg vom Park, und Baba fing an, uns die Stangen aus den Taschen in die Jacke zu packen. Er machte sie bis oben hin voll. Ich blickte ständig zum Park und wurde immer nervöser, ob ich die Sache hinbekommen würde.

»Die Tagelöhner und Händler werden nicht viel mit euch reden. Sie kennen das Spiel, sie wissen, worum es geht. Sie sind auch hier, um Geschäfte zu machen. Ihr verkauft die Stange für 23 Mark. Manche werden euch mehrere Stangen abkaufen. 23, 46, 69, 92 und bei fünf Stangen 115 Mark. Ihr könnt beide rechnen, macht euch keine Sorgen.«

Mein Vater machte die Preise billiger als alle anderen. Er beschaffte das Zeug im Sprinter aus Polen und nahm den Tickern dort große Mengen zu guten Preisen ab. So konnte er das Zeug dann auch hier zum guten Preis anbieten. Nicht mal die Polen selbst konnten da mithalten, weil sie nicht im großen Stil von ihren Landsmännern einkauften. Baba kaufte die Stange für 18 Mark und verkaufte sie für 23. Fünf Mark pro Stange Gewinn. Wenn man einen Batzen verkauft, kommt schon etwas zusammen.

Baba machte auch meine Jacke voll, und es konnte losgehen.

»Ich habe euch immer im Auge, Jungs. Wenn euch einer was abkauft, kommt zu mir, gebt mir das Geld, und dann könnt ihr wieder los. Ich bin die Kasse.«

Mein Herz pochte. Ich war gerade mal zehn Jahre alt und auf dem Weg, das erste Mal Zigaretten auf dem Schwarzmarkt zu verticken. Ich wurde ins kalte Wasser geschmissen, es gab keine Generalprobe, es war plötzlich Realität.

Kaum hatten wir die Straße zum Park überquert, sah ich schon, wie ein Typ meinen Bruder ansprach. Mo griff in seine Jacke und holte drei Stangen raus. Eine Minute und schon 69 Mark in der Hand. Zu krass. Ich war safe der Jüngste an diesem Ort, und ich spürte die ungläubigen Blicke der ganzen Typen.

»Was macht ein Kind hier? *Türk müsün*?«, fragte ein alter Mann mit grauem Schnauzer.

»Ich bin kein Türke. Und ich helfe meinem Vater. Brauchst du was?«, antwortete ich.

»Was hast du denn?«

»Marlboro. Rot.«

»Und was willst du dafür?«

»23 Mark.«

»Dann nehme ich 15 Stangen!«

»15?« Ich war etwas irritiert. Während ich den Mann anguckte, rechnete ich im Kopf und dachte an die Worte von Baba. Fünf Stangen, 115 Mark. Ich brauchte einen kurzen Moment.

»345!«

»Hier hast du 350. Schönen Gruß an deinen Vater. Das hier ist kein Ort für Kinder.«

Ich wollte vor Freude schreien. 350 Mark. Krass! Ich lief im Vollsprint zu Baba rüber und steckte ihm das Geld zu. Ich war der glücklichste Typ am ganzen Platz. Mit diesem Glücksgefühl bot ich jetzt einfach jedem Typen meine Ware an, und die rissen mir die Stangen aus den Händen. Der Preis war einfach zu krass, als dass man nicht sofort zugreifen musste. Baba war der King, und ich war viel zu jung, um mir irgendwelche Sorgen zu machen.

Die Zeit verging wie im Flug, und ebenso schnell leerten sich die Taschen. Wir wurden alles in nur einer halben Stunde los. Was für ein Volltreffer. Ich kam mir vor wie ein mieser Geschäftsmann. Der Tag war ein richtiges Erfolgserlebnis für mich und mein Ego. Ein absolutes High. Auf dem Weg nach Hause begriff ich, dass Baba uns nur mitnahm, um uns beizubringen, wie man Geschäfte macht. Hier ging es nicht darum, dass ein gestandener Mann Hilfe von seinen kleinen Kindern braucht. Baba erteilte uns eine Lehrstunde, wie man Geld verdient. Ware zu einem Preis einkaufen, den kein anderer bekommt, aber durch seine Kontakte war Baba in einer eigenen Liga und konnte so auch die Ware teurer verkaufen und Geld machen. Bei mir machte es Klick. Es brauchte gute Quellen, ein gutes Netzwerk, gute Ware und einen Sinn fürs Geschäft. Baba hatte alles. Und er wollte uns, seinen Söhnen, auch vermitteln, worauf es ankommt.

Es sollte nicht der letzte Ausflug bleiben. In den folgenden Wochen begleitete ich Baba jedes Mal zum Potsdamer Platz. Mein Bruder Mohammed dagegen hatte nach dem ersten Mal schon keinen Bock mehr. Ich bekam Geld, und es fühlte sich wie eine seriöse Arbeit an. Ich fühlte mich nützlich, und es machte mich glücklich, Baba zu helfen und mit ihm gemeinsame Sache zu machen. Baba hat mich damit in die Grundlagen der Wirtschaft eingeführt, mir gezeigt, wie man Geld machte. Du kaufst etwas und verkaufst es teurer weiter. Das ist der Deal. Und er disziplinierte mich bei diesen Aktionen gleich mit. Es gab für uns als Team eine Hauptkasse. Jeder lieferte das ab, was er einnahm. Wir arbeiteten zusammen. Baba war die Firma, und ich bekamen mein Anteil. Baba war der Boss, ich der Angestellte.

Ich kann mich erinnern, dass mein Vater meiner Schwester Dunia für 21 000 Mark einen Golf kaufte. Ein Golf 3 war das, dunkelgrau, richtig krass. Das war damals eine heftige Sache, das war richtig teuer. Baba hat mies gespart, um ihr ein Auto kaufen zu können. Alles mit dem Zigarettengeld.

Das Ende kam schnell. Die ganze Sache ging vielleicht ein halbes Jahr gut, dann wurden die Typen, mit denen Baba zusammenarbeitete, eingebuchtet. Es sprach sich rum, dass die Polizei und der Staat gegen Schmuggler nun krasser vorgehen würden. Mein Vater wollte nicht riskieren, geschnappt zu werden. Das Ganze wurde ihm zu heiß, auch wenn es uns viel Geld in die Kassen spülte. Gefängnis wäre das Schlimmste für ihn gewesen, also entschied er, komplett mit den Zigaretten aufzuhören.

Mir aber hatte dieses halbe Jahr gereicht, um zu kapieren, wie Geschäfte funktionieren. Man muss Sachen klären und dann teurer verkaufen. Schneller sein als andere. Besser. Zuverlässiger. Einen Teil des Verdienstes reinvestiert man wieder in das Business, und den Gewinn steckt man sich ein. Ganz einfach. Das ging mir schon als Kind in Fleisch und Blut über und sollte mein Leben nachhaltig beeinflussen und für viele Jahre bestimmen. Was Baba mit Zigaretten gemacht hatte, zog ich ein paar Jahre später erst im kleinen Kreis und dann im großen Stil durch. Die Ware war eine andere, das Geschäftsprinzip dasselbe.

3. DOPE

Es macht Klick

Ich rauchte immer mehr, es wurde ein Teil von mir. So wie Teenies heute ständig zum Handy greifen, griff ich zur Zigarette. Mit 14 Jahren war es völlig normal für mich, mindestens eine Schachtel am Tag zu rauchen. Wir chillten zu der Zeit regelmäßig bei Cengiz, einem Kumpel von mir, der schon 16 war und eine PlayStation hatte. Zocken und rumhängen stand jeden Tag auf seiner Tagesordnung, und Cengiz hatte ein fettes Zimmer für sich allein, und obendrein waren seine Eltern einfach nie zu Hause. Er war Einzelkind und musste sich nach niemandem richten.

Cengiz lud mich zu sich nach Hause ein und erlaubte mir in seinem Zimmer zu rauchen. Den Typen juckte einfach gar nichts. Allerdings: Was für mich Zigaretten waren, waren für ihn Joints. In seinem Schreibtisch hatte er extra eine Kiffer-Schublade. Es war die vierte Schublade auf der linken Seite. Unter zwei Schnellheftern hortete er sein ganzes Equipment: Papers, Filter, Tabak. Alles pseudomäßig im hinteren Drittel versteckt, als ob das keiner finden würde, der die Schublade aufzog.

Cengiz war mies schnell im Bauen und tat es immer mit Hingabe. Keiner seiner Joints sah komisch aus, sondern eher so, als wären sie mit einer Maschine gedreht worden. Sie waren immer symmetrisch und schienen perfekt.

Er rollte und rauchte ununterbrochen. Ohne das Zeug würde er nicht überleben, meinte er. Er brauche es, um klarzukommen, um ruhig zu bleiben. Er sei sonst hyperaktiv, könne nicht pennen und diese Filme. Ich habe sein ganzes Gelaber nie ernst genommen. Als ob ein 16-jähriger Typ nicht ohne Joints leben könnte. Was für ein Quatsch.

Er bot mir immer mal wieder einen Zug an, und irgendwann wurde es mir zu blöd, ständig abzulehnen, daher nahm ich das Ding und zog dran. Einfach nur, damit er aufhörte zu fragen. An meinem ersten Eindruck von damals aus dem Hinterhaus änderte sich nichts. Ich mochte den Geruch, aber das Zeug selbst schmeckte noch immer beschissen, und ich musste husten. Bei jedem weiteren Zug dachte ich, es müsse noch etwas kommen. Konnte ja nicht sein, dass es alle so feierten und nur bei mir passierte rein gar nichts. Vielleicht hatte ich immer richtig ekliges Zeug geraucht und diesmal war es besser? Aber es blieb ekelhaft, egal wie oft mich Cengiz überredete.

Wenn wir nicht bei Cengiz im Zimmer chillten, gingen wir in den Läusepark. Das war ein kleiner Park mit Kinderspielplatz gleich bei ihm um die Ecke. Ein Klettergerüst stand da, eine kleine Rutsche und ein Sandkasten. Eigentlich also ein Ort für Kleinkinder, aber Eltern mit ihren Kindern habe ich da nie gesehen. Stattdessen hingen dort polnische Jungs ab, und kifften sich die Birne voll. Den penetrant süßlichen Geruch roch man schon von Weitem.

Ich und die Jungs ließen uns diese Gelegenheit nicht entgehen und gingen den polnischen Jungs solange auf die Nerven, bis sie uns auch mal ziehen ließen, und sei es auch nur der letzte Teil vom Joint. Gespürt habe ich nie wirklich viel, aber ich und meine Jungs, wir fühlten uns cool.

Den ersten richtigen Turn spürte ich erst mit 16. Ich erinnere mich daran, weil es der reinste Absturz war. Wenn ich andere bekifft sah, dann lachten sie und waren leicht verspult. Ich stellte mir vor, alles würde ganz langsam ablaufen, entspannt, und ich würde mies chillen. Aber ich hatte eine völlig falsche Vorstellung. Wie immer wartete ich innerlich darauf, dass mich nach ein paar Zügen endlich dieses geile Gefühl überkam, doch stattdessen verspürte ich plötzlich Herzrasen und gleichzeitig ein lähmendes Gefühl, das mich daran hinderte, schnell zu denken. Mein Gehirn reagierte in Zeitlupe, und das hasste ich. Ich vegetierte vor mich hin, das genaue Gegenteil von meinem sonst so hibbeligen Dauerzustand. Ich wollte nur, dass es aufhörte. Es war der Horror. Ich lag zu Hause im Bett und schwor mir, dass ich das eklige Zeug nie wieder anrühren würde.

Jahrelang hielt ich mich daran, ganz egal wie oft meine Kumpels meinten, ich solle mal machen. Mit echten Kiffern hatte ich eh nie wirklich was zu tun. Wenn Freunde anfingen, auf dem Kifferfilm kleben zu bleiben, hing ich nicht mehr mit ihnen ab. Ganz einfach. Ich wusste, dass ich bekifft nichts zustande bringen würde, dass in meinem Kopf die Handbremse angezogen wurde, und ich war ein Typ, der immer Gas geben musste. Ich dachte, wer kifft, kann nicht produktiv sein oder etwas auf die Beine stellen, womit man Cash machte und erfolgreich wurde.

Als ich Anfang 20 war, kam das Thema plötzlich wieder auf. Vielleicht lag es daran, dass dieses Mädchen im Spiel war. Sie hieß Lisa, war 18, hatte blonde lange Haare, dunkle Augen und eine Toppfigur. Ich lernte sie auf einem Lehrgang vom Arbeitsamt kennen. Eine ABM-Maßnahme nannten sie das Ganze. Es war eine Art Pseudoausbildung, bei der man sogar über 600 Euro bekam. Wir kamen ins Gespräch und verstanden uns auf Anhieb richtig gut. Die Dinge entwickelten sich, wir wurden ein Paar. Auch wenn ich ein ganz anderes Leben führte, war ich von Anfang an beeindruckt von ihrer Art. Sie hatte einen Bruder, der im Rollstuhl saß und um den sie sich immer kümmerte.

Bei Lisa wurde aber auch klar, wie unterschiedlich unsere Welten waren. Für sie war ein solcher Lebensweg völlig normal. Für mich dagegen war es normal, auf Schule zu kacken. Sie war deshalb aber nicht von oben herab oder brachte superkluge Ratschläge. Sie ließ mich sein, wie ich war.

Lisa und ich hingen 24/7 zusammen. Es war eine komische Zeit für mich. Meine Eltern waren aus Berlin weggezogen, die meisten meiner Geschwister hatten so langsam ihre eigenen Familien, und ich war ein bisschen lost. Bei Lisa war ich zu dem Zeitpunkt gut aufgehoben. Sie lebte in Kreuzberg, Prinzenstraße, und hatte ihre eigene Einzimmerwohnung. Der perfekte Rückzugsort, also blieb ich vorübergehend dort. Wir hatten ein fettes Wohnzimmer und eine große Küche, die gleichzeitig auch Esszimmer war. Altbau, Stuck an den Wänden, Parkettboden, und das alles ganz ruhig in einem Hinterhaus. Die Wohnung war etwas mädchenhaft eingerichtet, beige Vorhänge, im Zimmer eine Pflanze, überall waren große Kerzen aufgestellt, und es roch immer gut. Mich juckte das nicht wirklich, ich fühlte mich nicht fehl am Platz, es war Lisas Wohnung, ihr Geschmack, ich fühlte mich wohl.

Lisa kochte gern und war eine gechillte Person. Irgendwann fragte sie mich, ob wir einen buffen wollen. Sie meinte, sie wollte das schon immer mal ausprobieren. Ich erzählte ihr von meinen gescheiterten Versuchen, und dass es nicht so mein Ding sei. Wenn sie aber Bock hätte, solle sie sich nicht stören lassen. Ich wusste eh, dass es nur bei diesem einem Mal bleiben wird.

An einem Abend war Lisa und mir langweilig beim Fernsehen. »Willst du nicht hochgehen, uns was zu kiffen holen?«, fragte sie, und erzählte mir von Toni, einem Dealer, der im gleichen Haus wohnte, nur zwei Stockwerke über uns, oben im 4. Stock. Ich hatte tatsächlich schon etwas geahnt, weil ich ständig komische Leute im Treppenhaus traf, die innerhalb von Minuten ins Haus kamen und wieder gingen. Es war immer Bewegung im Flur. Und es waren immer dieselben Gesichter.

Als Lisa mich fragte, zuckte ich mit den Schultern. »Ja okay, warum nicht.«

Ich stand auf, lief hoch und klingelte bei dem Atzen. Paar Minuten später kam ich mit zwei Gramm, Papers und Filtern zurück. Das hatte er mir zusätzlich zum Gras mitgegeben, weil Lisa natürlich nichts zu Hause hatte. Wir schafften es gemeinsam, einen halbwegs anständigen Joint zu drehen, kifften und guckten DVD. Ich hatte keinerlei Erwartungen, doch irgendwas war diesmal anders. Ich war plötzlich so in dem Film drin! Das war für mich so krass. Wir haben *Kids* geguckt, einen Ami-Film, der sich mit einer Gruppe von Freunden und ihrem Teenagerleben beschäftigte. Es ging ein bisschen um Rap, ums Skaten, Partys und ums Kiffen. Ab und zu wurde auch rumgefickt, also spiegelte der Film viel von der Realität junger Leute wider. Ich guckte auf den Fernseher und war gar nicht auf den Joint fixiert. Es war, als würde ich nebenher an einer Kippe ziehen. Und weil ich den Fokus nicht so auf die Wirkung legte, sondern alles nebenbei passierte, lief die Sache diesmal vielleicht anders ab als die Jahre zuvor. Ich checkte gar nicht, wie ich high wurde. Ich merkte nur, wie es mir krass taugte, diesen Film zu gucken. Das hat mich völlig unerwartet süchtig gemacht. Filme bekifft gucken.

Von da an sah ich mir jeden Abend ein oder zwei Filme an. Filme, die ich auch früher schon gesehen hatte. Zum dritten, vierten Mal. Einfach nochmal neu erleben. Ich hatte eine ganz andere Wahrnehmung, alles ergab viel mehr Sinn, als ob ich wacher war und die Filme viel intensiver mitkriegte.

Ich war richtig mies drin. Zum ersten Mal bekam ich einen Fressflash, den ich sonst nur aus den Geschichten meiner Kumpels kannte. Ich aß Schokolade, und es gab eine Geschmacksexplosion in meinem Mund. Das Snickers war plötzlich so klebrig und so lecker, es war krass. Ich hatte Hunderte Snickers in meinem Leben gegessen, aber keins hatte je so geil geschmeckt wie das, was ich bekifft aß.

Irgendwas passierte in meinem Körper. Ich schlief wieder tief und fest. Wenn ich wach war, war ich gechillt, aber eben auch wirklich *wach*. Ich nahm alles um mich herum ganz deutlich wahr, egal ob Filme, Musik oder Menschen. Dieses Gefühl war genau, was ich suchte, und sehr bald wollte ich unter keinen Umständen mehr darauf verzichten.

4. INVESTMENT

Kein Spaß mehr

Als ich bei Lisa wohnte, chillte ich vor allem mit meinem Bro Ahmad. Ich kannte ihn schon seit Jugendtagen, weil er auch aus dem Wedding kam. Irgendwann war er dann nach Kreuzberg gezogen, wo ich ihn nach Jahren zufällig beim Einkaufen traf.

Ahmad war der Anti-Ausländer. Er ging aufs Gymnasium, machte sein Abitur und studierte dann Maschinenbau. Kein Plan, was er damit später machen wollte, aber es war klar, dass der Typ auf dem Weg war, eine miese Nummer zu werden. Er sah aus wie ein typischer Deutscher. Schwarze Haare, Vollbart und Seiten auf null – das gab es bei ihm nicht. Er war insgesamt ein heller Typ, hatte hellbraune Haare, trug immer Stoffhosen mit Polohemd und war glatt rasiert. Wenn der sich als Felix oder Philipp vorgestellt hätte, jeder hätte ihm geglaubt.

Ich vermute, er hat diesen Film absichtlich gemacht. Damit er die gleichen Chancen bekam wie die Deutschen und nicht wegen seines Aussehens in seiner Studentenwelt zum Außenseiter wurde. Eigentlich kam der Typ aus einer ganz anderen

Welt. Arabische Großfamilie, ein Dutzend Brüder, deren Namen in der Unterwelt nicht unbekannt waren. Schon als Jugendlicher immer Frauen am Start, ein richtiger Playboy. Dem Typen konnte keiner was. Ich fand den Film, den er fuhr, sehr schlau. Er bespielte gleichzeitig zwei Welten, die sich eigentlich fremd waren. Er öffnete sich dem typisch deutschen Weg, kehrte aber seinem Ursprung nicht den Rücken. Er spielte nie mit dem bösen Image, das seinem Familiennamen anhaftete, trotzdem kam ihm keiner blöd.

Ahmad wohnte bei Lisa um die Ecke und war wie ich auf dem Spiel *Counterstrike* hängen geblieben. Also saßen wir zusammen rum, zockten PlayStation, trafen uns mit anderen Jungs aus dem Wedding in den Shisha-Bars, gingen auf Partys und ab und zu ins Fitness-Studio zum Pumpen.

Wir hatten einen gemeinsamen Bekannten, Alex, Mitte 20, richtiger Schwanz. Er lief ungepflegt rum, paar Kilo zu viel, immer das gleiche Outfit und nur alle paar Wochen zum Friseur, wenn überhaupt. Aber er versorgte alle mit Gras. Das wusste ich von den anderen Jungs aus der Gegend, weil sie ihr Dope bei ihm holten. Er hätte miese Connections und immer was am Start, hieß es. Ich lief ihm ständig über den Weg, er war ein bekanntes Gesicht. Ich sah ihn draußen in den Parks, im Auto chillen oder im Internetcafé. Der Typ war überall.

»Kennst du den?«, fragte Ahmad als Alex vor uns aus seinem schwarzen Polo stieg, in unsere Richtung die Hand hob und dann in einem Dönerladen verschwand.

»Safe, Bruderherz. Alex kennt doch jeder. Der tickt mit Hasch und Gras, meine Jungs holen alle bei ihm.«

»Meine Brüder auch. Und das nicht zu wenig, Bro. Der Typ macht richtig Asche.«

»Und trotzdem sieht er aus wie ein Obdachloser. Ich versteh das nicht, Bro. Der Typ macht mies Geschäfte und sieht aus wie der letzte Penner. Was macht der mit seinem ganzen Geld? Wenn ich das Cash hätte, würde ich ganz anders auffahren. Und mir zumindest jede Woche einen frischen Haarschnitt verpassen lassen und ein geiles Auto kaufen.«

»Der will auf keinen Fall auffallen, Bro. Keine Blicke auf sich ziehen und sein Ding machen. Das ist für ihn alles perfekt so. Der macht sich nicht wichtig, macht seinen Job und steckt das Geld ein.«

Ahmad brachte es auf den Punkt. Alex war unsichtbar für jeden, der nicht wusste, wer er war. Ich nickte nur und dachte, ja, Mann, genau so muss es laufen.

»Lisa beließ es bei dem einen Mal, aber ich kiffe in letzter Zeit öfter«, erzählte ich Ahmad. Auch dass mein Schlaf besser war, mein Essen intensiver schmeckte, die Filme, die ich guckte, krasser waren. Dass sich einfach alles besser anfühlte.

Ahmad nickte. Er buffe auch viel, meinte er. »Vor allem, wenn ich im Prüfungsstress bin, brauche ich das jeden Tag, sonst werde ich verrückt.«

Alex kam wieder aus dem Laden und direkt auf uns zu.

»Was geht, Habibis? Musst du nicht lernen, Einstein?«, scherzte er mit Ahmad.

»Alles cool, ich weiß schon alles. Und bei dir? Wie läuft das Geschäft?«

»Alles super, kann mich nicht beklagen.«

»Hast du was am Mann? Davut und ich wollen später noch zocken und brauchen Dope für den einen oder anderen Joint.«

Alex schüttelte den Kopf. »Ich mache diese Filme nicht, Ahmad. Das musst du doch wissen. Ich mache kein Klein-Klein, das ist nichts für mich. Da verbrennt man sich die Finger. Ich bin ein paar Level drüber. Frag am besten deine Brüder, die geben dir was ab.«

Alex war im Kilo-Geschäft unterwegs. Wer an arabische Großfamilien vertickte, musste was draufhaben. Uns war klar, dass der Typ sein Business offensichtlich ernst nahm.

Der Gedanke blieb hängen. Wir zockten den Abend über bis morgens in der Früh, aber unterhielten uns gleichzeitig nur darüber, wie leicht es doch wäre, mit Ticken Cash zu machen. Es gab so viele Leute in unserem Sumpf, die wir gut kannten und die ihr Dope bei uns holen würden. Ahmad hatte Bock, sich nebenher was dazuzuverdienen, und die Studenten waren immer dankbare Kunden, die nie Faxen machen. Mir war Geldmachen sowieso immer recht. Außerdem hatten wir beide einen guten familiären Background, man würde uns safe ernst nehmen, niemand würde versuchen, mit uns Spielchen zu spielen oder uns abzuziehen. Aber wir mussten das Zeug erst mal haben.

Es dauerte nur ein paar Tage, und wir trafen Alex beim Internetcafé. Er saß allein an einem Tisch, nuckelte an seiner Cola und grinste in sein Handy. Ich machte nicht lange rum, sondern ging direkt zu ihm rüber und setzte mich.

»Wir wollen mitmischen, Dikka. Ahmad und ich haben ein mieses Netzwerk und wollen was verdienen. Können wir bei dir was einkaufen?«

»Was meinst du?«

»Was ich meine? Stell dich nicht dumm, Dikka. Du vertickst ja nicht Obst und Gemüse. Wir wollen Dope bei dir kaufen.«

»Ich habe es das letzte Mal schon gesagt, ich mache kein Klein-Klein.«

»Darüber rede ich auch nicht. Ich will mehr. Ich will das Zeug nicht selbst rauchen, ich will es verkaufen und Cash machen.«

»Das ist was anderes! Was stellt ihr euch vor?«

»Wie wäre es mit 200 Gramm zum Start. Und dann steigern wir uns mit der Zeit.«

Alex sagte zu. 200 Gramm für 850 Euro, am nächsten Tag.

Das war eigentlich ein fairer Preis, verglichen mit dem, was man sonst zahlte. Aber die Menge war für Anfänger wie uns schon eine Hausnummer. Außerdem wollten wir ja auch selbst Cash machen.

»700 geben wir dir«, meinte Ahmad und setzte sich Alex gegenüber. »Keinen Cent mehr.«

»Niemals. Das ist zu wenig.«

»Wir müssen auch verdienen, Alex, wir machen Business. Wir müssen auch leben«, sagte Ahmad.

»800«, sagte Alex.

»750, dann sind wir safe«, sagte ich.

»Okay, geht klar.«

Alex muckte nicht auf. Ihm war klar, dass wir ihn nicht abziehen würden, und er wusste auch, mit wem er es zu tun hatte. Ahmad war nicht irgendjemand, er hatte mit seiner Familie einen miesen Rücken. Und ich war auch kein Unbekannter. Da kam es auf 100 Euro mehr oder weniger nicht an, vor allem, da Alex eh genug Kohle machte.

Die Leute bufften mittlerweile kein Hasch mehr, sondern das Zeug, das damals jeder rauchte, hieß White Widow. Es war eine spezielle Art von Gras, das extrem viele Kristalle bildete, die weiß aus der Blüte schimmerten. Wenn man die Knolle in der Hand hielt, schien es, als wäre sie mit einer dünnen weißen Eisschicht überzogen.

Deshalb nannten wir das Zeug auch Schneewittchen. 200 Gramm davon besaßen wir also, aber wie wir die Preise machen sollten, wussten wir nicht. Wir orientierten uns daher an dem Typen, bei dem wir in den vergangenen Monaten hier und da kleine Mengen für den eigenen Gebrauch gekauft hatten. Bei so einer Sache fragt man ja auch nicht wirklich nach, man will sich keine Blöße geben. Man zieht sein Ding durch, fuchst sich rein und lernt dazu.

Die Preise damals waren eine andere Welt als heute. Wenn man billigen Shit bekam, waren es drei Euro für ein Gramm. Es gab aber auch Leute, die dir richtig gutes Zeug geben konnten und für ein Gramm einen Fünfer nahmen. Zeiten ändern sich. Heute kriegst du für 20 Euro zwei Gramm, damals hat man für 20 Euro sechs Gramm bekommen. Gras ist mit den Jahren populärer geworden. Jeder Schwanz kifft heutzutage. Nachfrage ist gut fürs Geschäft.

Ahmad und ich einigten uns auf sieben für ein Gramm. Bei 750 Euro für 200 Gramm hatte Alex uns das Zeug verkauft, und wir würden mit jedem Gramm verdoppeln. Das läppert sich, wenn man viel vertickt – und wir hatten fest vor, schnell zu wachsen. Wir waren keine Typen, die im Auto von A nach B fuhren, um ein paar Junkies ein bisschen Gras zu verkaufen. Das ist zu aufwendig und nervt nur. Wir wurden zu Zwischenhändlern und vermittelten das Gras in den ersten Wochen nur an die Ticker aus unserem Umfeld. Wir kannten ein paar Atzen, die auf Grasdealer machten, aber wenn man dann was brauchte, hieß es immer: »Sorry, Bro, gerade nichts da.« Genau diese Typen sprachen wir direkt an.

Alles lief unkompliziert, wir hatten eine klare Linie. Wir verkauften nicht zwei Gram mal hier und ein Gram da. Stattdessen gingen zwei Mal 50 Gramm an irgendwelche Typen von Ahmads Uni, die es weitervertickten an ihre Klientel. Ich hatte auch sofort ein paar Leute, die mir insgesamt 100 Gramm abnehmen wollten. Alles schien perfekt, wir machten uns kaum die Hände schmutzig.

Wir verdienten zu Anfang mehrere Hunnis am Tag und es steigerte sich schnell. Wir machten innerhalb weniger Wochen gutes Geld. Es wurden bis zu 1000 am Tag, dann auch mal zwei Tausender.

Nach und nach wuchs ich hinein in meine Rolle als Geschäftsmann. Ich machte mir überhaupt keine Sorgen, dass ich erwischt werden könnte. Es gab so viele Ticker, die richtige Dummköpfe waren, die nichts im Leben auf die Reihe kriegten.

Bevor bei mir etwas schieflief, waren alle diese Typen vor mir dran.

In dieser Zeit dachte ich oft an Baba und die Szenen am Schwarzmarkt zurück. Ich hatte gutes Gras, einen fairen Preis und mein Netzwerk, aber ich machte mir dennoch Tag und Nacht Gedanken, wie ich noch mehr rausholen konnte. Es war wie eine Krankheit. Ahmad hatte nicht den gleichen Biss wie ich, das Ganze heftiger und größer zu machen. Das wurde schnell klar. Für ihn war die Sache mehr ein Hobby, außerdem kam ihm oft die Uni dazwischen. Der Typ hatte einen ganz anderen Alltag und andere Pläne. Und mit Lisa war es ganz ähnlich. Unsere Welten waren weiter voneinander entfernt als jemals zuvor, also gingen wir getrennter Wege. Wenn ich was reißen wollte, musste ich es allein tun.

Nach kurzer Zeit sprachen mich einige Jungs an, ob es nicht möglich wäre, dass sie exklusiv und verbindlich nur mit mir arbeiteten. Sie checkten, dass ich zu einer anscheinend niemals versiegenden Quelle wurde. Meist arbeiten Ticker mit mehreren Quellen. Wenn eine mal nicht liefern kann, übernimmt eine andere die Versorgung. Aber bei mir gab es keine Engpässe. Alex nahm seine Rolle als mein Lieferant ernst und hatte immer Material. Ich war eine Bank. Bei mir gab es immer was. Allerdings sträubte ich mich anfangs, Läufer gänzlich für mich zu verhaften. Typen, die nur für mich arbeiteten, die herumliefen, Gras vertickten und mir die Kohle brachten. Ich wollte mir nicht unnötig Stress machen, indem ich mich auf andere verlassen musste. Gleichzeitig dachte ich an meine Kindheit. An den Potsdamer Platz und wie gut es gelaufen war, weil Baba uns vertraut hatte. Weil er der Boss, die Firma gewesen war und mein Bruder Mohammed und ich die Angestellten. Ich wollte auch der Boss sein, die Firma. Der, der die Fäden in der Hand und das Unternehmen am Laufen hielt. Ein Geschäftsmann. Ich wusste, ich würde eine miese Nummer werden, also ließ ich mich darauf ein.

Bei allem, was ich tat, wollte ich immer krass sein. Wenn ich als Kind klaute, wollte ich es perfekt machen. Wenn ich als Jugendlicher etwas raubte, sollte der Raub makellos ablaufen. Wenn ich Gras im großen Stil unter die Leute brachte, musste ich die beste Quelle unter vielen sein. Mein Produkt sollte etwas Besonderes sein. Mich trieb die Idee um, mein Produkt zu veredeln. Ich fing an, meinen Jungs vorzugeben, was sie zu tun hatten. Einfach nur Gras im Tütchen abliefern – das war nicht mehr. Sie sollten Tipps und Papers mit ans Päckchen tackern. So wie Toni damals Lisa gleich alles mitgeliefert hatte. In meinem Kopf fühlte es sich an wie ein Menü bei McDonald's: das Kiffer-Menü. Mit allem, was man zum Buffen brauchte. Im Paket.

Es klappte und wurde zum Alleinstellungsmerkmal. Nur meine Firma fuhr diesen Film. Die Leute feierten es. Sie bekamen alles auf einen Schlag und mussten sich um nichts kümmern. Sie mussten nichts zu Hause haben und konnten nach einem Anruf bei mir den besten Joint der Stadt buffen. Man hörte es überall: Bei Davut gibt es das beste Zeug. Er streckt nicht! Das ist Bombe. Und jeden Cent wert.

Ich ging alles so an, wie ich es als Kunde am liebsten hätte. Das hörte beim Gras allein nicht auf. In Steglitz gab es einen Hanfladen, der mir von einem Kumpel empfohlen wurde.

»Bruder, du musst deine Tüten dort holen!«, redete er auf mich ein.

»Übertreib doch nicht immer. Es kommt auf das Gras an, das muss krass sein.«

»Glaub mal, Davut! Dein Gras mit den Tüten ist zu krass. Allein, weil es sich anders anfühlt zwischen den Fingern. Richtig krass ist das.«

Ich fuhr hin und fragte nach den Tüten. Und, ja, was soll ich sagen, die Tüten waren krasser als alle anderen. Sie fühlten sich robuster an, sahen besser aus und waren qualitativ besser verarbeitet. Wenn man sie in die Finger nahm, spürte man sofort: Die waren hochwertiger als der Standard. Die waren unglaublich. Allein, dass sie etwas fester und schwerer waren, machte einen großen Unterschied. Sie fühlten sich teurer an, die Quali war zu spüren. Ich kaufte alles auf, was im Laden vorrätig war.

Dass ich krass auffuhr, sprach sich schnell herum. Die Kifferszene wusste Bescheid. Ich hatte Umsätze von 3K und mehr am Tag. Wenn du das über einen Monat rechnest, Dikka, bist du schnell bei 100k. Überkrass! Aber auch nicht ganz ungefährlich. Die Maschine lief ununterbrochen, es gab keine Pause, das Lauffeuer wurde zum Waldbrand. Das war die Kehrseite der Medaille. Ich war immer der Gefahr ausgesetzt aufzufliegen. Deswegen hatte ich nur zwei Läufer, weil ich definitiv nicht übertreiben wollte. Egal wie hyped ich war, ich schwor mir jeden Tag vor dem Spiegel: Davut! Übertreib es nicht! Fordere dein Glück nicht zu sehr heraus.

Aber wenn ich weiter nur 100 Gramm, 200 Gramm oder 500 Gramm einkaufte, würde ich nie die richtig krassen Knollen bekommen. Für große Dealer wie Alex war das immer noch Kleinscheiß. Meine Einkaufsmengen packte der aus den Resten zusammen, die übrig blieben. Wenn die großen Jungs ihre Kilos abgenommen hatten, blieb noch der Dreck für mich übrig. Die kleinen Mengen waren wie Chipskrümel. Ganz unten in der Tüte, wenn das geile Zeug weg war. Die geilen, leckeren, fetten Scheiben waren da nicht mehr drin.

Aber ich war doch der Feinkosthändler unter den Tickern. Das war der Ruf, den ich mir aufgebaut hatte. Ich konnte nicht mit Krümeln handeln.

5. BATZEN

Ticken bis zum Fame

Ich war mittlerweile ein paar Monate im Game, da erhielt ich einen Anruf von Ahmad. Ich hatte wochenlang nichts von ihm gehört. Wegen Prüfungsstress ließ er sich gar nicht mehr draußen blicken.

»Lass treffen, Bruderherz. Ich muss mit dir was besprechen.«

»Ich dachte, du lernst nur noch. Aber du klingst ja sogar noch wie ein Mensch. Lass bei Osman in der Bar treffen heute Abend um neun. Bis später.«

Osman war mit Ahmad verwandt und hatte nur Tage vorher eine miese Bar am Gesundbrunnen eröffnet. Man konnte trinken, essen, und es gab auch Shisha bei ihm. Er bot das große All-inclusive-Paket.

»Was geht, Bro, wie läuft das Business?«, fragte Ahmad, als er den Laden betrat und sich zu mir setzte. Er sah wie ein Höhlenmensch aus. Blass und Augenringe bis zum Kinn.

»Was geht denn bei dir, Bro? Du siehst richtig fertig aus.«

»Alles cool, Dikka. Muss viel lernen, damit ich einen entspannten Sommer habe. Hänge den ganzen Tag zu Hause oder in der Uni-Bibliothek mit den Kollegen aus der Lerngruppe.«

»Bro, du lebst wirklich in einer anderen Welt. Aber ist deine Sache. Mach dein Ding.«

»Pass auf, Davut. Ich habe was für dich, deshalb habe ich dich herbestellt. Zwei Kollegen, die ich aus der Uni kenne, kommen aus Schöneberg und brauchen etwas mehr Dope, als man das sonst so kennt. Die brauchen keine Gramm, die wollen Kilos.«

»Oha! Bist du sicher, dass die safe sind? Kennst du die?«

»Ja, ich kenne beide sehr gut. Die Sache ist safe. Die haben wohl Leute in München, die ihnen eine große Menge abnehmen wollen. Und die brauchen das Zeug möglichst schnell.«

Ich war zu dieser Zeit schon auf dem Level, dass ich ein paar Kilo pro Woche vertickte. Und natürlich hatte ich Ambitionen, mich zu steigern. Mein Film machte mir Spaß. Mit den Tips, den Papers, mit dickeren Tüten. Das waren alles Moves, die das Game vorangebracht haben. Man musste immer hustlen. Jeden ansprechen. Überall. Nicht schlafen. Schnell sein, zuverlässig sein. Geiles Gras haben. Immer Gras haben. Wenn du merkst, du hast nur noch ein Drittel der Ladung, die du verkaufen kannst, gehst du wieder neues Gras holen. Und der Erfolg pusht dich, die Sache schmeckt.

Die Leute zahlten mit Zehnern oder Zwannis, also war das ein ganz guter Stapel, wenn die Läufer mir über ein paar Wochen bis zu 25k brachten. Das ist ein irres Gefühl. Adrenalin schießt durch den Körper, dir wird mies warm, du schwitzt ohne Grund. Du sitzt im Wohnzimmer und stapelst Geld. Massen von Geld. Fette Batzen. Du rollst dir den perfekten Joint. Zermürbst eine fette Knospe, streust das Gras in das dicke Paper, rollst den Joint, zündest ihn an. Du schüttest den Rucksack mit den Bündeln über dem Tisch aus. Entfernst die Gummis um die Bündel und türmst das Geld zu einem Berg vor dir auf ...

Ich kam mir damals vor wie Toni Montana in *Scarface*. Ich zählte das Geld und stellte mir vor, was ich alles damit anstellen würde. Wie viel es sein würde, wenn ich ein paar Jahre so weitermachte. Ich würde eine Familie gründen, uns ein fettes Haus hinstellen, geile Autos fahren, die miesesten Urlaube machen. Meine Geschwister unterstützen, dass sie auch ein geiles Leben hatten. Ein paar fette Jahre, und ich könnte Leben wie der Chef von Mercedes, wie ein großer Geschäftsmann. Wenn ich nicht leichtsinnig würde.

»Wie viel wollen die denn? Nicht, dass es eine Falle ist«, sagte ich zu Ahmad. »Wenn ich mit einer Kilomenge auffliege, bin ich ein paar Jahre im Knast.«

»Niemals, Bruder. Ich kenne diese Typen. Ihre Quelle hat sie hängen lassen und sie müssen abliefern, sonst geht ihnen ein mieses Geschäft durch die Lappen.«

»Worüber reden wir?«, fragte ich.

»20 Kilo.«

»Dikka, dein Ernst?«

»Die sind wohl nur Zwischenhändler, aber ich habe sonst keinen Plan, was da abgeht. Nur, dass sie im Wort stehen und der Kontakt in Holland sie im Stich gelassen hat.«

»Das sind mehr als 100K, Bro. Das ist kein Spaß. Das mache ich im Monat. Und jetzt mit einem Deal?«

»Kriegst du das hin?«, fragte Ahmad.

»Auf jeden. Aber ich brauch zwei Tage.«

Ich rief Alex an und machte ihm klar, dass wir uns sofort treffen mussten.

»In einer Stunde hole ich dich mit dem Wagen ab«, sagte er und legte auf.

Pünktlich wie immer stand er unten, und ich stieg ein.

»Warum der ganze Stress?«, fragte er.

»Ich brauche eine miese Ladung, Dikka. Egal wie, es muss klappen.«

»Wie viel?«

»20 Kilo.«

»Dein Ernst?«

»Sehe ich so aus, als würde ich Spaß machen? Was ist jetzt? Ja oder Nein?

»Ich schaffe nur zehn auf die Schnelle.«

»Alles klar, dann haben wir einen Deal. In zwei Tagen lasse ich das Zeug bei dir abholen.«

»Geht klar.«

Alex war meine feste Quelle. Sicher 90 Prozent meiner Bezüge kamen von ihm, weil er zuverlässig war und ablieferte. Aber man braucht immer ein paar Back-ups, falls es mal haken sollte. So wie jetzt.

Ich hatte noch zwei weitere Optionen, entfernte Verwandte von mir. Ich konnte sie im Notfall immer anhauen, das wusste ich, aber es war bislang nie notwendig gewesen.

Diesmal mussten sie aushelfen. Was ich sonst über Wochen einkaufte, musste ich jetzt in zwei Tagen checken. Ich traf mich mit einer der Quellen, die mir weitere 10 Kilo versprach, und ich war auf der sicheren Seite. Trotzdem hatte ich die ganze Zeit über ein flaues Gefühl im Magen. Ich kannte meinen Kundenstamm. Ich wusste, dass ich den Leuten vertrauen konnte und keine Zinker dabei waren. Ich war zwar nicht auf der Straße im direkten Umgang mit den Kunden, aber es war mein Business. Und ein guter Boss kennt jeden Arbeitsschritt in seiner Firma. Diese neuen Abnehmer kannte nicht. Ich musste mich voll auf Ahmad verlassen, von dem ich wochenlang nichts gehört hatte.

Ich ließ zwei fette Taschen bei einem Studenten, der ein guter Kunde war, zwischenlagern. Ich weihte ihn gar nicht ein, fragte nur, ob er zwei Taschen für ein paar Stunden an sich nch men könnte, bis sie jemand abholen kam. Dafür gab es 50 Gramm bestes Weed aufs Haus. Natürlich ließ er sich darauf ein. Und natürlich wusste er auch, auf was er sich da einließ. Aber die 50 Gramm waren es ihm wohl wert.

Ich besorgte mir für diesen Move eine neue Sim-Karte und informierte nur die Handvoll Jungs, die auch beteiligt sein würden. Der Deal ging in nicht mal zwei Stunden am helllichten Tag über die Bühne. Die Jungs kamen in die Wohnung des Studenten, ich nahm das Geld an mich, zählte es und übergab die Ware. *Mission accomplished.*

Was für ein Glücksgefühl. Was für eine Erleichterung. Ich fühlte mich wie der King von Berlin.

Die Summen blieben auch weiterhin groß. Das Business lief wie geschmiert, unter anderem auch, weil es nicht so hardcore umkämpft war wie heute. Zu der Zeit schien mir der Markt im Ungleichgewicht zu sein. Es gab extrem viele Kiffer, und die Nachfrage war immer höher als das Angebot. Deshalb war es umso wichtiger, dass ich Kilos klären konnte, denn Kilos kamen bald häufiger vor. Manchmal wollten die Leute aus dem Nichts 10 Kilo bei mir kaufen. Fast 50K Umsatz innerhalb von einer Stunde. Es gab Tage, da kam ich in die Wohnung eines Kilo-Tickers und vier schwarze Taschen erwarteten mich. 50 Kilogramm Marihuana. Dikka! Du schiebst Paranoia in dem Moment, das ist kein Spaß mehr. Aber dadurch bist du auch der Erste, der die Ladung abcheckt und das Business macht. Du suchst dir die besten Knollen aus. Kiloweise beste Ware! Das ist das Gleiche, wie wenn du beim Gemüsestand vor den Tomaten stehst. Du pickst dir die besten raus. Die, von denen du denkst, dass sie am krassesten schmecken. Wer zuerst kommt, mahlt zuerst.

Je länger ich im Geschäft war, desto flüssiger war ich mit der Kohle, und desto mehr kaufte ich. Allerdings musste ich das Zeug auch schnell wieder loswerden. Kein Kilo-Ticker will mit 30 Kilogramm Gras in der Wohnung erwischt werden. Es war Arbeit am Fließband, und die Mengen mussten immer größer werden. Ganz zu Anfang hatte ich noch Zehner-Kunden. Typen, die mir Gras für zehn Euro abkauften. Die musste ich mit der Zeit aussortieren, weil sie sich einfach nicht lohnten. Am besten ging das mit einer neuen Nummer, die nur der gewünschte Kundenkreis bekam. Das ist Routine unter den Tickern. Irgendwann meldet sich sonst jeder Esel, weil er einen Joint rauchen will.

Man darf sich nie zu sicher sein. Heuchler und Anscheißer lauern überall, selbst wenn man eine Familie im Rücken hat. Sie verraten dich, um ihren Arsch zu retten oder einfach nur, weil sie neidisch sind und dich fallen sehen wollen. Regelmäßig kamen die Bullen vorbei, weil mich Leute angeschissen hatten, aber sie fanden nie etwas. Ich war nicht auf den Kopf gefallen, ich wusste, die würden bei mir antanzen, wenn mich jemand verpfiff. Daher hatte ich mein Zeug immer bei anderen gelagert. Bei Kiffern, die den ganzen Tag in der Bude hingen, für die Kiffen ihr Leben war. Jeder kennt solche Typen. Die waren schon zufrieden, wenn ich ihnen ein oder zwei Gramm pro Tag gab. Die konnten kiffen, und ich durfte als Gegenleistung das Zeug bei ihnen lagern. Jackpot für mich.

So sehr mir das Geld auch schmeckte, so sehr ich die Anerkennung genoss, ich wusste trotzdem ziemlich bald, dass ich nicht der Typ für ein dauerhaft kriminelles Leben war. Ich hätte noch viele Jahre so mein Geld verdienen können, aber mir war klar, dass es irgendwann jeden erwischte. Deswegen hatte ich schon immer den Plan, bei der passenden Gelegenheit den Absprung zu wagen. Den Absprung ins normale Leben. Mit einem richtigen Job, in dem man nichts zu befürchten hatte, seine Familie versorgte und ruhig schlafen konnte. So hatte Baba es mir beigebracht. Das Geld, dass ich durch das Ticken verdiente, war für mich dreckiges Geld. Und so schnell es kam, so schnell war es auch wieder weg. Ich habe damit rumgeworfen, es sinnlos ausgegeben. Autos, Partys, meine Jungs. Ich habe nie ernst genommen, was ich da tat, obwohl ich so gut darin war. Ehrgeizig, das war ich immer. Ich wollte immer der Beste sein. Aber ehrenvoll war das, was ich da tat, nicht.

Ich suchte also nach einem Exit, aber ich wusste nicht, wie er aussehen sollte. Ich wollte aussteigen, solange ich noch auf der Höhe war, solange ich noch selbst die Kontrolle hatte. Ich wollte vermeiden, dass mir die Entscheidung von irgendwem abgenommen wurde, sei es von der Konkurrenz oder der Polizei. Ich wollte nicht warten, bis ich einen Fehler machte, der alles ruinierte.

Einen normalen Job zu finden – das klang so naheliegend. Doch der Grund, wieso ich mich entschieden hatte, mit Drogen zu dealen und nicht etwa eine Ausbildung zu machen und einen Beruf zu erlernen, war so simpel wie brutal: Ich besaß keine dauerhafte Aufenthaltsgenehmigung in Deutschland. Besitze ich heute noch nicht. Wirklich erklären und begründen, warum das so ist, kann mir das niemand. Aber seit meiner Geburt hänge ich bürokratisch in der Luft. Meine Aufenthaltsgenehmigung ist begrenzt, ich muss sie ständig verlängern lassen, um in Deutschland bleiben zu können. Immer mit der Angst, dass es irgendwann einfach vorbei sein könnte. Seit ich denken kann, war ich nie auf der sicheren Seite. Sauber und legal Geld zu verdienen, Steuern zu zahlen, all das, was für viele so völlig normal ist, was auch ich mir wünschte, selbst wenn es bislang vielleicht nicht so klang: Ohne Aufenthaltsgenehmigung, ohne Arbeitserlaubnis ging das alles nicht. Ich hatte nicht angefangen zu kiffen und später zu dealen, weil ich zu faul oder zu dumm war, um etwas anderes zu machen. Es gab ohne Papiere keinen Platz für mich in der Gesellschaft.

Als Jugendlicher hatte ich Träume. Ich fand Autos immer richtig krass. Im Wedding fuhren die krassesten Kisten auf den Straßen rum. Benz, BMW, Lambos, Ferraris. Man konnte sie jeden Tag auf den Straßen sehen und natürlich auch hören. Ich fand geil, wie die Autos aussahen und wie sie klangen, aber ich fragte mich auch immer, wie das alles funktionierte. Die Technik und die Mechanik. Ich stellte mir vor, dass es viel Spaß machen würde, in einer Werkstatt zu arbeiten, kaputte Autos wieder zum Laufen zu bringen oder sie aufzutunen, damit mehr Leistung am Ende rauskam. Ich konnte mir gut vorstellen in einer Werkstatt zu stehen, an Autos zu schrauben, mir die Hände schmutzig zu machen. Ich sah darin eine gute Zukunft, auch weil man sich selbstständig machen, einen eigenen Laden aufziehen und irgendwann junge Menschen ausbilden, ihnen eine Perspektive geben konnte.

Ich malte mir aus, wie es wäre, wenn ich eine Ausbildung machen dürfte und dann ein richtig mieser Mechaniker würde, der alles an den Autos checkte. Ich bewarb mich mit Hilfe des Amtes sogar bei diversen Werkstätten, glaubte aber nie wirklich daran, dass es klappen würde. Ich bewarb mich vor allem deshalb, weil ich dem Amt beweisen musste, dass ich mich um Anschluss bemühte. Ohne Bemühung um Ausbildung keine Aufenthaltsverlängerung – aber ohne gesicherten Aufenthalt keine Ausbildung!

Ich hätte einen Betrieb finden müssen, der mich ausbildete, und obendrein das Ganze aus der eigenen Tasche bezahlt. Üblich in Deutschland ist jedoch, dass das Jobcenter deine Ausbildung finanziert. Und die Voraussetzung dafür ist ein unbefristeter Aufenthaltstitel. Den ich niemals bekam. Welcher Ausbilder sagte da zu? Welcher Betrieb sagte: »Okay, los geht's. Wir bilden dich aus und nehmen die Kosten auf uns, statt einen Auszubildenden zu nehmen, der vom Jobcenter finanziert wird.«

Ich habe schnell gemerkt, ich habe keine Chance. Kein Betrieb der Welt machte das, kein Ausbilder hatte da Bock drauf. Und ich konnte es sogar verstehen.

Als junger Mensch hatte ich die anderen im Kiez gesehen. Den einen mit dem neuen Auto, den anderen mit neuen Klamotten. Ich saß zu Hause und dachte darüber nach, wie krass es wäre, sich ein paar Dinge gönnen zu können. Mir ging es nie darum, Welle zu machen und mit dem Ferrari zu cruisen. Es ging mir immer um Anerkennung für meine Leistung und eine gewisse Leichtigkeit im Alltag. Ich wollte mir nicht jeden Tag so scheiß viele Gedanken machen müssen, wie ich über die Runden kam.

Ich hatte dieselben Träume wie alle anderen auch. Eine Familie. Ein sicheres Einkommen. Ein ruhiges Leben. Aber nichts davon konnte ich auf normalem Wege erreichen. Damit hätte ich mich abfinden und einfach aufgeben können. Aber das war nie meine Art. Mir wurde quasi mein Leben lang vorgegeben: Du kannst es nicht schaffen. Du kannst hier nicht offiziell erfolgreich sein. Und ich wusste, dass mein krimineller Werdegang genau dieses Vorurteil lange Zeit bestätigte.

Und doch haben sie sich getäuscht. Denn irgendwann trat die Musik in mein Leben. Sie hat mich vor Schlimmerem bewahrt. Sie sollte mein Exit werden. Doch bis dahin lag noch ein langer Weg vor mir.

STATEMENT I

Shindy Skit

Er war ganz unscheinbar. Baseball-Cap, Bluejeans, Kenzo Pulli, Nikes und eine Lederjacke. Ich habe ihn sofort erkannt. Auch ohne Bandana im Gesicht. Seine hellen Augen haben ihn verraten. Er kam direkt auf mich zu und reichte mir die Hand.

»Ich bin Davut, Bro. Wie geht's dir?«

Ich hatte ihn mir genau so vorgestellt. Direkt und offen. Ich kannte ihn bis dahin nur aus seinen Videos, als den Rapper, um den es all diese Mythen gab. Der böse kriminelle Typ, der raubte und krumme Dinger abzog. Ich kannte auch ein paar Songs, und ich wusste aus Erzählungen: Die Jungs um AK machten keinen Spaß. Sein Markenzeichen, das Bandana, war nicht nur so ein Quatsch, um aufzufallen. Es war etwas aus dem echten Leben. Ich wusste, dass die Jungs Raubüberfälle machten. Das war kein Gelaber, das er nur in seinen Songs von sich gab. Das war echtes Leben, da steckte wirklich etwas dahinter. Das waren keine Keks, die sich etwas einbildeten, die Jungs waren wirklich Straße. Es gibt Menschen, denen man sofort anmerkt, dass mit ihnen nicht zu spaßen ist. Sie lassen es einen spüren. Mit ihrem Blick, mit ihrem Händedruck, mit Mimik und Gestik. Sie machen sofort diesen Film. Davut war überhaupt nicht so. Er war einfach nur freundlich und höflich, ein entspannter Typ.

Mich reizte der Gedanke, mit ihm ein Feature zu machen, noch bevor ich ihn das erste Mal traf. Auf den ersten Blick sind wir sehr verschieden. Die Art, wie wir rappen, die Weise, wie wir uns präsentieren, der Inhalt unserer Songs. Aber genau das war das Besondere, das turnte mich an. Ich fand den Gedanken spannend, in seiner Welt stattzufinden.

Es war Anfang 2017, Arafat hatte uns mal wieder zu einem dieser sinnlosen Meetings ins Büro bestellt. Berliner Nirgendwo, Puderstraße 8, ein einfacher großer Raum, ein Schreibtisch, ein paar Sofas und Sessel um einen weiteren Tisch herum. Nur das Nötigste, eine Mischung aus Lager und Büro. Alle mussten auftauchen, es ging um das nächste große Projekt. Ein Ersguterjunge-Sampler, der nie erscheinen würde, sollte in den nächsten Wochen produziert werden. Alle Signings von EGJ waren am Start. Bushido, Ali Bumaye, Samra, AK und ich. Jeder sollte eigene Songs für den

Sampler beisteuern, außerdem sollte es gemeinsame Songs geben.

Bushido schlug vor, die ersten Aufnahmen bei ihm im Keller zu machen. Wir stimmten zu, das einzig Konstruktive in diesem Meeting. Die restliche Zeit hingen wir in den Sesseln, redeten sinnlosen Quatsch und warteten darauf, endlich wieder verschwinden zu können.

Aber ich hatte Bock auf die Tracks. Das würde eine krasse Mischung werden, dachte ich. Auch weil wir alle, auf den ersten Blick zumindest, nicht unterschiedlicher hätten sein können. Besonders AK und ich. Doch genau aus diesem Grund freute ich mich extrem darauf, mit AK etwas zusammen zu machen. Beim ersten Treffen im Büro wurde schnell klar, dass es ihm ähnlich ging. Er feierte, was ich machte. Die Chemie zwischen uns stimmte sofort. Wir tauschten Nummern, um nicht über die EGJ-Gruppe kommunizieren zu müssen, über die bisher die ganze Kommunikation der Gruppe lief.

Davut war keiner, der Politik machte. Er sprach aus, was er dachte. Und ich hatte nie das Gefühl, dass ich mich bei ihm verbiegen musste. Alles passierte ganz natürlich. Eine natürliche Symbiose aus zwei so verschiedenen Typen. Ich wusste von Anfang an, dass da etwas Nices entstehen kann. Ich hoffte, dass er so ein Typ war, dem es um die Kunst ging, um den Hip-Hop. Diese Hoffnung sollte sich schnell bestätigen.

Einen Tag später schrieben wir kurz hin und her und waren schon am Tag darauf bei Bushido im Tonstudio verabredet. Das Studio glich einem typischen Waschkeller. Weiße Fliesen, niedrige Decke, alles sehr eng. Im Raum war eine kleine Aufnahmekabine verbaut. Ein Mischpult auf einem Tisch, ein paar Stühle, alles sehr einfach.

AK wollte unbedingt, dass wir als Erste loslegten, und ich hatte auch schon ein Sample im Kopf, dass ich gern für unseren Song nutzen wollte. Es lag schon ewig rum, ich hatte nie die richtige Gelegenheit gefunden, um es zu verwerten. Ich zeigte es Davut, und er feierte es direkt.

Auch er war vorbereitet, hatte schon ein paar Zeilen dabei. Das beeindruckte mich. Es zeigte mir, dass er motiviert war und Bock hatte, was Geiles zu machen. Man arbeitet oft mit Leuten zusammen, denen man nach kurzer Zeit anmerkt, dass sie kein Herzblut in ihre Arbeit stecken. Sie spielen ihr Programm herunter. AK ließ mich gleich spüren, dass er anders tickte.

Er ging in die Kabine und rappte die ersten Zeilen drauflos. Es war, als hätte er die Außenwelt komplett abgeschaltet. Er stand da in dieser Mini-Kabine, und es ging nur noch um diese Zeilen. Es ging ihm nur noch darum, die beste Strophe abzuliefern. Jede einzelne Betonung war entscheidend – laut, leise, aggressiv, unberührt, langsam, schnell. Er setzte immer wieder an, ich gab ihm Feedback, er nahm es an.

So ging das ewig. AK beeindruckte mich nicht nur mit seiner Vorbereitung und seinem Perfektionismus, sondern auch mit seiner Art, Kritik anzunehmen und selbstkritisch zu sein. Das zeigte mir, dass er es draufhatte und ernst meinte. Er regte sich am meisten über sich selbst auf, wenn er beim Timing oder bei der Betonung verkackte. Er schrie rum. Jeder merkte, diesem Typen geht es um etwas. Musik war seine Herzensangelegenheit. Es ging um die Musik, und um nichts anderes. Bis der perfekte Take da war. Die perfekte Strophe. Der perfekte Song. Er hätte »Bitch, please!« heißen sollen, aber wurde nie released, weil das Kartenhaus ECJ kurz darauf in sich zusammenbrach.

Die Art von Rapmusik, wie sie Davut schon immer interpretiert hatte, ist der eigentliche Ursprung von Hip-Hop. Laut, wütend, aggressiv und aufrührerisch. Es ist die Stimme der Unterdrückten. Jetzt, nachdem ich ihn besser kenne, verstehe ich diese Art des Ausdrucks, seine Form der Kunst, noch viel besser. Davut wurde von der Gesellschaft ausgebootet und vergessen. Der Staat und sein Rechtssystem haben ihn im Stich gelassen. Jemanden zurückzulassen und einfach nichts zu tun, kann auch eine Art von Gewalt und Unterdrückung sein. Er hat keine Aufenthaltsgenehmigung. Er hat keine richtige Arbeitserlaubnis. Simpel ausgedrückt: Man will ihn hier einfach nicht haben. In seiner eigenen Heimat.

Das ist kein Spaß. Davut hat sich sein ganzes Leben gegen diese Unterdrückung gewehrt. Früher hat er sich mit einem Raub gewehrt, heute wehrt er sich mit seiner Musik. Das ist einer der Punkte, die mich an diesem Typen begeistern: Allem Widerstand zum Trotz hat er sich nach oben gerappt. Nicht weil er tickt. Nicht weil er raubt. Weil er ein krasser Rapper ist!

Ich bin beeindruckt von diesem geraden Weg. »Echte Berliner« war der erste Song, mit dem ich mich auseinandergesetzt habe, und ich habe ihm sofort alles abgekauft. Was er da rappt, wie er aussieht, einfach alles. Ich mochte den Song, weil ich merkte, dass da nicht dieser Bad-Boy-Film gefahren wird, um sich als krasse Gangster zu inszenieren. AK respektiert die Kunst, die er repräsentiert. Man merkt es an seinen Lyrics. Ich spüre als Künstler, dass da jemand lange dran gesessen und nachgedacht hatte. Über jede Zeile, über jeden Reim. Ich kenne den Struggle, wenn man nachts chillt, eine Idee hat und vor einem leeren Blatt Papier sitzt oder einer leeren iPhone-Notiz. Man hört Davuts Texten an, dass nicht der erstbeste, einfachste, naheliegende Reim gepickt wurde, nur damit es erledigt ist. Er hat einen eigenen Stil geprägt. Und diesen über zehn Jahre etabliert. Natürlich ist das nicht Mainstream, sondern speziell und nieschig. Aber es ist echt. Die ganze Aufmachung, die Lyrics, die Videos, sein Flow, alles hat Hand und Fuß und ist ein Movement von hartem Straßenrap, den AK geprägt hat.

Mein erster Eindruck von Davut hat sich bis heute bestätigt. Er ist offen allem gegenüber eingestellt, es gab nie komische Situationen, kein Kompetenzgerangel oder Probleme mit dem Ego. Davut lässt dich der sein, der du bist. Wir waren mittlerweile häufig zusammen im Studio und haben an Songs gearbeitet. Ich hatte dabei nie das Gefühl, dass AK irgendetwas an mir komisch findet, weil ich beispielsweise eitler bin, mehr Parfum aufgetragen habe oder mich zwei Stunden lang mit irgendwelchen Klamotten auseinandersetze. Er hat einen gesunden Abstand zu Dingen, die ihn nicht so interessieren wie mich, und akzeptiert sie einfach. Ich fühlte mich immer sehr respektiert, wenn ich mit ihm gearbeitet habe, und diesen Respekt zolle ich ihm natürlich auch. Aber ich kenne auch die laute und aggressive Seite der Szene, die Davut verkörpert. Und ich mag diese Seite der Szene. Wir hatten vom ersten Tag an immer Respekt und Anerkennung für den anderen. Das ist die große Basis.

Davut ist ein Typ, der vertrauen kann. Schon bei unserer ersten Session in Bushidos Keller forderte ich ihn auf, manches anders zu tun. Er nahm es an. Er betonte eine Silbe anders, er setzte eine Pause an einem anderen Punkt, er ließ sich darauf ein. Dabei hat er sich aber nie verbogen, sondern hinterfragte meinen Input. Ich weiß nicht, wie oft ich von ihm hörte: »Bro, bist du dir wirklich sicher?« Er will immer er selbst bleiben und prüft deshalb alles, was man ihm vorschlägt. So bleibt er sich selbst treu und kann gleichzeitig das wichtige Hin und Her bei einem gesunden, gemeinsamen Arbeitsprozess zulassen. Sich gegenseitig hinterfragen, das muss erlaubt sein. Das war bei uns immer safe. Wir haben uns gegenseitig Freiheiten gelassen. Damit wir miteinander und nebeneinander funktionieren können, ohne dass einer den anderen in den Schatten stellt oder einer sich verbiegen muss.

Mitte 2017 habe ich mich aus allem zurückgezogen. Ich wollte mein eigenes Ding machen und suchte den richtigen Weg, das zu realisieren. Letzten Endes war ich mehr als 1,5 Jahre wie vom Erdboden verschluckt. Ich baute mein Studio, arbeitete an meiner Musik und suchte einen Weg in meine künstlerische Unabhängigkeit. AK war einer der wenigen, die sich regelmäßig meldeten. Er schrieb, er rief an, er interessierte sich. Er bot auch immer seine Hilfe an. Wenn da etwas gewesen wäre, mit dem er meine Situation hätte verbessern können, ich hätte anrufen und mich auf ihn verlassen können. Und obwohl er um meine schwierige Vertragssituation wusste, fragte er bei einem seiner Anrufe, ob wir gemeinsam einen Song machen wollten.

Ich sagte sofort Ja, weil ich um seine Arbeitsmoral und sein Talent wusste. Er packte ein paar seiner Kumpels ein und war ein paar Tage später auf meiner Couch im Studio. Er blieb drei Tage in Bietigheim, und es waren mit die besten drei Tage seit langer Zeit. Wir chillten Tag und Nacht, unterhielten uns über Gott und die Welt, bestellten Essen. Es war wie ein Urlaub mit den Jungs ohne wegzufahren. Und ganz nebenbei komponierten wir einen krassen Song. Wir hypten uns gegenseitig, schrieben gemeinsam an den Strophen, meckerten am Beat herum, bis er perfekt war, nahmen unsere Strophen auf. Alles lief ganz ohne Druck und in einem Fluss. Man merkte das dem Song an. Doch am Ende war, mal wieder, alles umsonst. Ich kam einfach nicht aus meinem Vertrag mit Bushido raus. Er forderte komplett unrealistische Summen, und das konnte ich so nicht mit mir machen lassen. AK wollte keine Klage riskieren, also strich er meinen Part von dem gemeinsamen Song und packte eine Version auf sein Album, die nur seine Strophen beinhaltete. Wir beide waren abgefuckt, aber wir hatten keine Wahl.

Davut hat viel in seinem Leben über sich ergehen lassen müssen. Die Menschen reduzieren alles immer auf das Einfachste, weil es bequem ist. In seinem Fall ist es seine kriminelle Laufbahn. Darauf wird er reduziert. Doch das wird ihm als Mensch und als Künstler niemals gerecht. Es gibt diese kriminelle Vergangenheit, aber genau die verleiht ihm seine Magie, die Finesse, besonders zu sein. Er hat diese speziellen Momente, während er rappt. 2020 haben wir es endlich geschafft, einen gemeinsamen Song zu releasen, und da ist mir das so stark aufgefallen wie nie zuvor. Wir chillten wieder in meinem Studio, machten uns Gedanken, wovon der Song handeln sollte. Es war anfangs sehr zäh, wir kamen kaum voran. Frühmorgens hatte er seinen 16er und wollte ihn unbedingt aufnehmen. Ich dachte nur: Das kann jetzt safe nichts werden. Wir sind komplett durch und seit über 20 Stunden wach. Aber er beharrte darauf, in die Kabine zu gehen. Ich setzte mich an den Rechner, um ihn aufzunehmen.

Hah, Zeit für Action
Schwing' den Hammer, lass' die Scheiben brechen
Hah, weiße Päckchen
Ich hatte schon mehr Nasen als Michael Jackson
Dreckig, keine weißen Westen
Ohne Rücksicht durch das Eisen flexen
Hektisch, keine Zeit verschwenden
Vor den Bullen flüchten mit zwei Verletzten …

Er war sofort on point. Und ich war mies hyped. Er bleibt oft lange auf einem Reim und zieht ihn in die Länge, hat kranke Reimketten, was im Straßenrap nicht üblich ist. Der Grund dafür ist, dass sich die meisten Leute nicht hinsetzen und Gedanken machen. Davut hat geile Bilder, es läuft sofort ein Film ab. Ich saß am Mischpult, hörte ihn rappen und war in seiner Welt. In einer Welt, die ich nicht kenne, die Normalos fremd ist. Davut zieht einen sofort rein, man kann sich dem nicht entziehen, es ist wie ein Sog. Das ist sein besonderes Talent.

Man lernt etwas über diese dunkle, kriminelle Seite, die er einem näherbringt. Jeder will doch insgeheim wissen, wie so ein Raub abläuft, was da eigentlich abgeht, wenn es wirklich ernst wird. AK erzählt es dir auf einem harten Beat. Er benutzt Wörter aus dem Fachjargon und man begreift sofort: Er weiß, wovon er redet. Worte, die man zwar schon mal gehört hat, die einem aber nicht viel sagen, ergeben auf einmal Sinn. Es ist wie eine sorgfältige Dokumentation aus dem innersten Kreis. Durch sein Auftreten mit dem Bandana, seine besondere Art, laut zu rappen, verstärkt er diesen Effekt des Verbotenen. Es ist wie ein Einblick, den man in dieser Art nur von ihm bekommen kann.

Trotz seines Backgrounds nehme ich AK ausschließlich als Musiker wahr. Klar weiß ich, was er hier und da mal abgezogen hat. Aber ich weiß auch, dass er kaum eine Wahl hatte. Er tat, was er tun musste. Ich habe ihn bis jetzt immer nur über Musik reden hören und nicht über Einbrüche, Drogendeals oder sonstige Spinnereien. Ich kenne den Menschen AK, und der ist ein Vollblutmusiker. Sehr hingebungsvoll bei allem, was er tut. Ob er einen Joint baut, einen Beat hört oder einen Song schreibt. Er macht alles zu 100 Prozent. Das ist eine Tugend, die ich ihm sehr hoch anrechne.

Ebenfalls schätze ich an ihm, dass man sich immer auf ihn verlassen kann. Wenn man was mit ihm verabredet, dann wird sich daran gehalten. Man ruft an, man bespricht etwas, und das, was er sagt, hält er ein. Er ist ein sehr ehrlicher und aufrichtiger Mensch. Außerdem ist AK mies ambitioniert. Er will etwas auf die Beine stellen. Für sich, für seine Familie, für sein Umfeld. Er wollte sein Leben ändern und hat es getan. Fr will derjenige im Stammbaum sein, über den in 50 Jahren alle sagen: Alter, Gott sei Dank hatten wir den – der hat alles geändert. Das feier ich. Wie viele Leute haben seine Geschichte: keine Papiere, keine Aussicht auf eine sichere Zukunft. Ich finde es krass, dass er trotz allem die Kurve bekommen hat. Das zeugt von Disziplin.

AK ist am Start, AK macht sich Gedanken, AK hat's geschafft.

6. LIEBER GOTT

Familie ist alles

Noch bevor ich die Musik fand, war Familie das Einzige, was zählte und mir Kraft gab. Familie ist Zusammenhalt, Familie ist Rückhalt. Familie ist Liebe und Leben. Es spielt keine Rolle, ob man arm oder reich ist, die Familie bestimmt das Leben. Ganz egal, was ich als Kind, als Jugendlicher, als Mann anstellte, Baba hörte mich an, er verstand mich und meine Taten. Mama hat mich immer in den Arm genommen. Auch wenn beide Eltern die Dinge, die ich tat, nicht gut fanden, sahen sie immer zuerst und zuletzt ihren Sohn in mir. Nicht den Ticker, den Räuber, den Banditen. Ich war ihr Kind, das sie immer beschützten, so gut es ging.

Baba und Mama haben 13 Kinder gezeugt. Sechs Mädchen und sieben Jungs. Leider sind zwei Jungs, ein Zwillingspaar, kurz nach der Geburt verstorben, weil sie zu früh auf die Welt kamen. Fünf von uns sind in Deutschland geboren. Meine Mama kam hochschwanger hier an, nur wenig später kam meine ältere Schwester auf die Welt. Dann folgten ich und drei weitere Brüder.

Die große Familie war eine Welt für sich, in die man sich sowohl als Kind als auch als Elternteil zurückziehen konnte. Trotz des Kriegs, trotz der Flucht, trotz der neuen Welt und Kultur in Deutschland. Mama hatte immer zu kämpfen mit dem großen Bruch im Leben, der uns nach Berlin spülte. Nur die Familie gab ihr Halt. Es ist ihr nie gelungen, sich in dem neuen Land gut anzupassen, schon gar nicht klappte es, dass sie wirklich glücklich und zufrieden wurde.

In der Türkei wuchs Mama in einem abgelegenen kurdischen Dorf an einem Fluss auf. Es gab nur Landwirtschaft, die Bewohner des Dorfes lebten in einer Gemeinschaft, halfen sich gegenseitig. Es gab keine Politik, man gönnte sich alles und teilte, was man hatte. Das Leben im Einklang mit der Natur war selbstverständlich. Sie half schon als junges Mädchen draußen auf den Feldern oder unterstütze ihre eigene Mutter beim Kochen und Waschen.

Die Rollenbilder einer Familie in einem kurdischen Dorf im Südosten der Türkei sind von Tradition geprägt und klar verteilt. Der Mann bringt das Geld für die Familie nach Hause. Die Frau kümmert sich um den Haushalt, erzieht die Kinder.

Baba verinnerlichte das traditionelle Bild eines Familienvaters als Ernährer und Geldbringer schon sehr früh. Als junger Mann, er und Mama waren schon verheiratet, verließ er die türkische Heimat, um im Libanon sein Geld zu verdienen. Kurden werden schon seit vielen Jahrzehnten nicht voll akzeptiert, sie sind eine Minderheit in der Türkei und müssen um jedes Recht kämpfen. Wir sind ein stolzes Volk, und wer lässt sich schon gern unterdrücken? Die Unterdrückung dauert bis heute an, und der Kampf dagegen wird auch in Zukunft ein fester Bestandteil unserer Kultur bleiben. Die Menschen vor Ort werden weiterhin nach Freiheit streben, wenn sie ihnen von der Türkei verwehrt bleibt.

Mein Vater hatte arg mit dieser Situation zu kämpfen. Die politische Lage verhinderte, dass er wirklich gute Geschäfte machen konnte. Solange alles klein blieb, sagte keiner was. Aber sobald die Geschäfte größer wurden, kamen die Hürden. Daher versuchte mein Vater, sein in der Türkei angebautes Obst und Gemüse anderweitig an den Mann zu bringen. Mit viel Geschick und über viele Kontakte gelang es ihm, die Waren in den Libanon zu befördern und dort gewinnbringend zu verkaufen. So baute er sich als junger Mann ein Handelsnetzwerk.

Mit den Jahren wurde sein Netzwerk immer besser, daher reiste er häufiger in den Libanon, um die Geschäfte abzuwickeln. Er war seit jeher ein Mann der Tat und wollte alles selbst regeln, wenn er es konnte. Das Leben im Libanon erschien ihm lebenswerter und freier, er war nicht schlechter gestellt als andere Händler, nur weil er eine andere Herkunft hatte. Der Entschluss, mit meiner Mama auszuwandern, lag daher nahe. Ein Bruder meines Vaters wurde in der Türkei verfolgt, weil er sich politisch für die Kurden engagierte. Eines Tages kam die Armee ins Dorf, baute ein Zelt auf und verhaftete mehrere Dorfbewohner, die politisch aktiv waren. Einer der Festgenommenen war der Bruder meines Vaters. Mein Vater entschloss sich, seinen Bruder zu befreien und schoss mit einem Gewehr ganz bewusst auf den oberen Bereich des Zeltes, um Chaos zu stiften.

Das gelang ihm auch und sein Bruder konnte flüchten. Aber damit wurde mein Vater auch zum Verfolgten und zog sich mit seinem Bruder in die Berge zurück, wo er sechs Monate unter sehr schwierigen Bedingungen lebte. Ihm blieb nichts anderes übrig, als das Land zu verlassen, also floh er in den Libanon, wo er schon zuvor mit Gemüse handelte. Die Ländereien meines Vaters in der Türkei wurden weiter bewirtschaftet, und die anderen Brüder meines Vaters kümmerten sich vor Ort darum, dass alles weiterging. Baba ließ Mama mit fünf Mädchen zurück und ließ sie ein paar Monate später nachkommen. Mama nahm alle Strapazen auf sich, um Baba zu folgen. Sie brauchte mehrere Tage, um in den Libanon zu gelangen. Sie wanderten stundenlang durch das Hinterland bis sie auf einen Gemüse-Laster trafen, den mein Vater schickte. Sie versteckten sich auf der Ladefläche zwischen dem Obst und Gemüse und wurden so über die Grenze geschmuggelt. Sie hat alle Gefahren auf sich genommen, um wieder mit Baba vereint zu sein.

Leider hatte Baba nicht viel Glück mit seinem Business im den Libanon. In den 70ern, nicht lange nach dem Umzug meiner Eltern, brach der Bürgerkrieg aus und das Land wurde mit jedem Tag mehr zerstört. Die Wirtschaft sackte komplett weg, es ging nur noch uns Überleben.

Baba hatte zunächst die Hoffnung, dass der Krieg ein schnelles Ende finden und das Land wieder zur Normalität zurückfinden würde. Doch es wurde nur schlimmer. Die Auseinandersetzungen nahm stetig zu, schwere Kämpfe tobten. Als Baba eines Tages auf dem Weg zur Großmarkthalle war, explodierte neben ihm ein unterirdischer Kanal. Bombensplitter trafen ihn im Gesicht und am Oberkörper. Er erlitt schwerste Verletzungen, Teile seiner Nase wurden weggefetzt, sein rechtes Auge war betroffen, er verlor einige Zähne. Dieser Vorfall veränderte meinen Vater. Er war danach nicht mehr derselbe Mensch. Er wurde ins Krankenhaus eingeliefert und verbrachte dort mehrere Wochen, in denen die Ärzte versuchten, ihn bestmöglich wieder auf die Beine zu bringen. Die vielen schweren Verletzungen im Gesicht verheilten nur schlecht und entstellten meinen Vater auf Lebenszeit. Baba hatte sein rechtes Auge verloren.

Sein Vorhaben, seiner Familie das beste Leben zu bieten, zog er trotzdem weiterhin durch. Er wollte unter keinen Umständen länger im Krieg leben. Deshalb entschied er, aus dem Libanon zu fliehen, und Deutschland war damals eines der Länder, die Flüchtlinge aufnahmen. Baba sprach später nie wirklich über die Flucht, auch nicht, als wir Jungs, seine Söhne, erwachsene Männer wurden. Wenn wir ihn nach seiner Geschichte fragten, erzählte er nicht, wie schwer es für ihn war. Er erzählte immer vom Frieden, von der Natur, vom Miteinander. Er behielt die Zeit in der Türkei und im Libanon immer positiv in Erinnerung. Das Negative, die Unterdrückung, die Verfolgung, den Krieg blendete er aus. Zumindest wollte er uns Kinder nie damit belasten.

»Ich tat, was ich tun musste. Ich musste meine Familie in Sicherheit bringen und ich hatte das Geld dafür, da mein Handel immer wunderbar funktionierte. Ihr müsst euch keine Gedanken machen, was früher war. Macht euch Gedanken, wie es heute ist. Wie ihr euch und eurer Familie ein schönes Leben bereiten könnt. Ich habe mein Leben gelebt, und ihr habt eures vor euch. Macht das Beste daraus.«

Baba hatte mit seinem Business über 100 000 Dollar angespart. Das war in den Siebzigern eine fette Stange Geld. Er war offensichtlich ein richtiger Motherfucker, fuhr im Libanon sogar einen dicken Benz. Das war kein Spaß zu der Zeit und ein deutliches Zeichen, dass es bei ihm lief. Wenn ich mit meinen Onkeln sprach, bestätigten sie immer wieder, dass Baba es richtig draufhatte und geschickt darin war, Geschäfte abzuwickeln und mit Geld umzugehen.

Als Baba noch lebte und ich mein erstes gutes Geld mit dem Ticken verdiente, fragte ich ihn, was er mit seinem Cash angestellt hatte. Ich selbst gab meine Kohle immer mit vollen Händen aus. Kaum hatte ich ein paar Tausend verdient, ballerte ich alles für sinnloses Zeug wieder raus. In der Spielothek, für Klamotten oder abends beim Weggehen. So was wie Rücklagen kannte ich nicht.

»Die Flucht aus dem Libanon kostete mich mein halbes Vermögen«, erzählte er mir. »Wir sind zu acht durch die halbe Welt geflogen und gereist, bis wir in Deutschland landeten. Die Tickets kosteten Geld, die Verpflegung, aber auch die Typen, die uns halfen, aus dem Land rauszukommen. Die andere Hälfte überließ ich meinem Cousin.«

»Wie? 50K liegen noch bei deinem Cousin? Das holen wir wieder!«

»Er ist verstorben, Davut. Schon vor Jahren. Das Geld hat ihm und seiner Familie im Libanon ein paar Jahre das Überleben gesichert. In einem Land, in dem 15 Jahre lang Krieg war, braucht man Reserven. Die Wirtschaft ist am Boden. Dort gibt es kein System, wie du es aus Deutschland kennst. Dort sterben Menschen, weil sie nichts zu essen haben, weil es keine Arbeit gibt. Das ist eine andere Welt, als du sie hier kennst.«

»Aber das ist dein Geld, Baba. Du hast dafür gearbeitet.«

»Und ich habe es ihm gern überlassen. Es ist gut, wie es ist.«

Ich bin in einem Asylantenheim geboren. Meine Familie wurde in einem Heim in Lichterfelde Süd, am Rande Berlins, untergebracht. Wir lebten über fünf Jahre in dieser Einrichtung, und ich kann mich dunkel erinnern, wie ich als Kind durch die Gänge gelaufen bin. Die Hochhäuser sahen von außen alle gleich aus, graue hohe Gebäude, alles sehr altmodisch und in den Hauseingängen mit vielen Graffitis getaggt. Wenn man über die Treppen im jeweiligen Stockwerk ankam, ging man durch eine Glastür und stand in einem ewig langen Flur, von dem unzählige Türen links und rechts abgingen. Die Flüchtlinge waren nicht in richtigen Wohnungen, sondern in einfachen Zimmern untergebracht, wie in einem runtergekommenen Hotel. Am Ende des Flurs gab es eine Küche, Bäder und Toiletten, die man sich mit allen Bewohnern eines Stockwerks teilte.

Weil wir eine große Familie mit mehr als fünf Personen waren, bekamen wir zwei nebeneinanderliegende Zimmer, nur mit dem Nötigsten ausgestattet: mehrere Hochbetten, ein Tisch mit Stühlen und ein Schrank. Für mehr wäre kein Platz gewesen. Wir hatten Wasser, Strom, eine Heizung und ein Dach über dem Kopf. Das war der Sinn dieser Heime. Sie sollten kein Zuhause sein.

Fünf Jahre lang lebten wir dort, abgeschottet vom Rest der Welt. Meine Eltern ergaben sich dem System in der Hoffnung, dass ihnen irgendjemand irgendwann würde sagen können, wie es weiterging. Doch niemand interessierte sich. Niemand kümmerte sich. Wir waren die meiste Zeit über uns selbst überlassen. Vielleicht hätte es Schritte gegeben, die meine Eltern hätten unternehmen müssen, um ihre Situation zu verbessern – aber sie wussten nichts davon. Hilfe, um mit den Anträgen, der Bürokratie und dem Papierkram in der völlig fremden Sprache zurechtzukommen, gab es nicht. Das Leben bestand aus bangem Warten, ohne Aufgabe, ohne klare Perspektive oder Hilfestellung.

Ich selbst erinnere mich vor allem an den ständigen Lärm. Es gab keinen Tag, an dem es wirklich ruhig war. Immer hörte man Geschrei hinten den Türen in den verschiedensten Sprachen. Türkisch, Kurdisch, Arabisch. Wenn es besonders laut wurde, spähte ich manchmal durch die Schlüssellöcher der alten Holztüren, die man mit großen Eisenschlüsseln aufmachen konnte. Mal sah ich, wie sich Kinder prügelten, ein anderes Mal, wie eine Frau mit Kopftuch ihrem Mann eine miese Backpfeife verpasste. Er wehrte sich nicht, sondern schützte nur sein Gesicht mit den Armen, während sie ihn anschrie und schlug. Irgendwann stand er auf und kam auf die Tür zu, also lief ich sofort weg. Er kam raus, und ich sah, dass sein Hemd oben zerrissen war und Blut aus seiner Nase floss.

In unseren beiden Zimmern gab es diese Filme nicht. Meine Mama sorgte dafür, dass alle einander achteten, und Baba war kein aufbrausender Typ, der einfach so rumschrie, wenn ihm etwas nicht passte. Wir Geschwister fühlten uns immer geliebt. Egal ob wir im Asylantenheim zu acht waren oder später dann insgesamt dreizehn in einer Wohnung. Baba strahlte Ruhe aus, und Mama tat alles Menschenmögliche, damit es zu Hause passte. Sie stand als Erste auf und ging als Letzte ins Bett.

»Wir sind für euch hergekommen. Wir haben ein Kriegsgebiet verlassen, sind geflüchtet, damit ihr etwas erreichen könnt. Ihr sollt diesen Schmerz nie erleiden, dieses Leid nie erfahren müssen. Ihr habt etwas Besseres verdient.« Ich habe ihre Worte immer in meinem Kopf.

Baba wusste seine Frau sehr zu schätzen und ging immer gut mit ihr um. Wegen der Splitter, die Babas Gesicht entstellt hatten, sah er vielleicht nicht ganz so freundlich aus. Auf einem Auge war er mit der Zeit komplett erblindet, und auch mit dem anderen sah er nur noch wenig, weswegen er immer irgendwie verbissen dreinschaute, doch so war er nicht. Er war ruhig, besonnen, tatkräftig. Er war der beste Mann für meine Mutter und der beste Vater für uns Kinder. Jedes Mal, wenn ich über ihn spreche, merke ich, wie sehr ich ihn liebe.

Gleichzeitig muss ich daran denken, wie es für ihn gewesen sein muss, alles zu verlieren und bei null anzufangen, obwohl es ihm und unserer Familie vor dem Krieg so gut gegangen war. Pleite, orientierungslos und entstellt in einem fremden Land, in dem man kein Wort verstand.

Baba wurde mit den Jahren in Berlin immer stiller, sprach und lachte nicht mehr allzu viel. Eine Depression hat ihn ruhiggestellt, so zumindest erkläre ich mir das heute. Er hatte sich damit abgefunden, dass er nicht mehr richtig hochkommen würde, nie mehr zurück in die Liga, in der er mal gespielt hatte. Alle Chancen, die sich ihm in Deutschland boten, hatten irgendwie mit dem Milieu zu tun, daher schlug er sie konsequent aus. Ich glaube, dass er immer im Kopf hatte, dass etwas schiefgehen könnte und er uns, seine Familie, dann im Stich lassen müsste. Früher oder später landeten alle im Knast, und das war für meinen Vater das absolute Versagen. Wer im Knast hockte, konnte sich nicht um seine Familie kümmern.

Natürlich konnte ich nicht ewig vor meinem Vater verstecken, dass ich in diesem Punkt ein bisschen anders war. Auf den Elternabenden in der Schule, zu denen Baba mit meiner älteren Schwester ging, damit sie für ihn übersetzte, erfuhr er, dass ich mich mit allen anlegte, schwänzte und der schlimmste Schüler war, den man sich vorstellen konnte. Ich bekam regelmäßig miesen Anschiss, aber meine Eltern wussten beide nicht, wie sie die Lage in den Griff kriegen sollten. Ihre Überforderung war förmlich greifbar.

Ich erinnere mich an einen Vorfall, der Babas Hilflosigkeit gut beschreibt. Er war mal wieder in der Schule gewesen, und der Lehrer, Herr Gräfer, hatte so richtig die Faxen dicke. Der Typ war ein Bastard.

Ihn juckte es nicht, wer da vor ihm saß, er wollte einfach nur seinen Drecksstoff mit aller Macht durchbringen. Er war schon uralt und hatte gar keinen Bock mehr auf seinen Job. Rotzte fünfmal pro Stunde in dasselbe eklige Seidentuch, das er dann wieder in seine eklige Cordhose stopfte. Er rief immer nur die Schüler auf, die nicht aufpassten. Als Strafe, um sie zu blamieren. Statt denjenigen ein Erfolgserlebnis zu geben, die eine Antwort wussten. Mir sagte er mal: »Wenn du wach bleibst, hast du am Ende der Stunde eine Sechs. Wenn du schläfst, hast du eine Fünf.« So viel zum Thema Motivation.

Beim Elternabend zog Herr Gräfer so richtig über mich her. Ich würde nur stören, andere ablenken, hätte kein Interesse, überhaupt etwas zu lernen, und würde schlechten Einfluss auf andere Mitschüler ausüben, übersetzte meine große Schwester peinlich berührt für Baba.

Mein Vater war mies sauer, als er abends nach Hause kam. Für ihn war immer klar, dass ich der Vernünftigste unter uns Brüdern war, also erwartete er von mir, dass ich mit gutem Beispiel voranging. Jetzt aber klang es für ihn so, als würde ich meinen kleinen Bruder anstacheln und vom Weg abbringen.

»Mach sofort den Fernseher aus. Du bist ein Teufel!«

»Was los, Baba?«.

»Was los ist? Du denkst wohl, du kannst mir auf der Nase herumtanzen. Steh sofort auf!«

»Und dann?«

»Geh sofort ins Bad und zieh dich bis auf die Unterhose aus. Ich komme gleich nach, und dann gibt es ein paar Dinge zu besprechen!«

Ich wusste sofort, was mir blühte. Auch wenn Baba noch nie zu harter Bestrafung gegriffen hatte, jetzt war ich wohl zu weit gegangen. Die alte Generation, zu der mein Vater gehörte, war berüchtigt dafür, kein Erbarmen zu kennen, das wussten wir von unseren Freunden. Da waren regelmäßige Schellen ein fester Bestandteil der Erziehung. Wer nicht hören wollte, musste fühlen.

Ich ging ins Bad, zog mich aus und machte mir vor Angst fast in die Unterhosen, noch bevor Baba ins Badezimmer kam. Ich war sicher, das Kabel, das ich vorhin noch in seiner Hand sah, würde ich auf der nackten Haut zu spüren bekommen.

Doch Baba kam nicht. Er ließ uns zittern, aber er kam einfach nicht. Nach 15 Minuten forderte Mama mich auf, mich wieder anzuziehen und ins Wohnzimmer zu kommen. Baba hatte es nicht übers Herz gebracht, mich zu verhauen. Ich sah in seinen Augen, wie weh es ihm tat, dass er auch nur daran gedacht hatte. Ab und zu eine Schelle, das war mal drin, aber Kabel und nackt ausziehen, uns so richtig zu misshandeln, wie es andere Väter taten, das konnte er nicht. Er wusste: Mit solchen Dingen machst du deine Kinder für immer kaputt. Das hätte er uns niemals angetan. Seine Drohung entstand nur aus seiner Hilflosigkeit, weil er nicht mehr wusste, wie er uns vor uns selbst und dieser Stadt, in der wir lebten, beschützen sollte.

Ich spürte schon als Kind und Jugendlicher, dass er etwas in mir suchte, um mich auf den richtigen Weg zu bringen. Er sah etwas Besonderes in mir und wollte ein Talent in mir entdecken, mein Talent. Für Baba sollte ich das Vorbild in der Familie sein. Ich war der Einzige von meinen Brüdern, der so interessiert war an der Welt, und der sich gleichzeitig so sehr nach Anerkennung sehnte. Ich wollte immer etwas erreichen und für meine Leistung geschätzt werden.

Ich trage den Namen meines Opas. Baba schwärmte immer von seinem Vater. Er war eine richtige Nummer im Dorf unserer Familie. Jeder kannte ihn. Wenn es Probleme gab, gingen sie zu ihm. Er genoss großes Ansehen.

Baba sagte immer: »Du heißt wie er, du bist wie er. Euer Verstand ist sich ähnlich. Du kannst sehr gut reden, dich gut ausdrücken. Die Menschen hören dir zu. Mach was daraus.«

Je öfter mir Baba erzählte, welche Stellung mein Opa in ihrem Dorf in der Türkei hatte, desto mehr wünschte ich mir selbst, so angesehen zu sein. Ich wollte nicht der Außenseiter sein. Der Fehler im System. Der Unruhestifter, den alle nur loswerden wollen. Ich wollte, dass es den Leuten nicht scheißegal war, ob es mich gab oder nicht.

Baba sagte: »Du musst Anwalt werden.« Weil ich immer alles wissen wollte, immer viel geredet habe. An Musik dachte mein Vater damals natürlich nie. Das war zu abwegig.

2012 ist Baba von uns gegangen. Seine Lunge versagte nach Jahrzehnten des Kettenrauchens. Kurz bevor er starb, erzählte ich ihm, dass ich auf dem besten Wege war, Musiker zu werden. Er machte sich lustig darüber.

»Du spricht viel zu sehr aus der Nase, Davut. Wie willst du richtig singen? Du hörst dich an, als wäre deine Nase immer verstopft.«

Der Tod meines Vaters war der schmerzvollste Verlust, den ich bislang ertragen musste. Er sollte nicht mehr mitbekommen, dass ich es auf den richtigen Weg geschafft habe. Er sollte nicht mehr mitbekommen, dass ich selbst Familienvater wurde. Er sollte seine Enkel niemals kennenlernen.

Im Knast weggesperrt zu sein ist ein Kinderspiel. Seinen Vater zu verlieren, den man so sehr liebt, ist dagegen der Horror.

Ich und meine Brüder, wir hätten ihn so gern stolz gemacht. Mohammed ist drei Jahre älter als ich. Abdul, Jusef und Murad sind jünger, jeweils nur ein Jahr auseinander. Alle sind mit der Zeit mit Gesetz und Staat in Konflikt geraten. Mo saß sechs Jahre wegen Todschlags, nachdem ihn ein Typ mit einem Messer angegriffen hat. Heute ist er draußen und ein anderer Mensch. Er kümmert sich um seine Familie und chillt sein Leben. Er geht Ärger aus dem Weg, er hat die Schnauze voll.

Die anderen drei hatten immer mal wieder Schwierigkeiten. Schlägereien, Räuberei, Hehlerei. Nichts Weltbewegendes, aber auch nichts, worauf man stolz sein sollte. Alle drei saßen schon für kurze Zeit im Knast.

Doch auch wenn Baba zu Lebzeiten nicht erreicht hat, dass wir uns aus der Scheiße raushalten, sein wichtigster Wert ist uns allen in Fleisch und Blut übergegangen: Familie steht über allem. Wenn es hart auf hart kommt, stehen wir immer zusammen. Ich weiß, dass meine Brüder ihr Leben für mich geben würden, und ich meines für sie. Wenn irgendwas ist, wenn uns irgendeiner was will, stehen die anderen bereit. Mein Rücken ist safe, wenn meine Brüder da sind, und ich halte ihren frei. So war es schon immer.

Ich wünschte, Baba könnte noch mitkriegen, wo ich heute stehe. Ich habe geschafft, was ich mir als Ziel gesetzt hatte. Die Menschen akzeptieren mich als Musiker, kaufen meine Alben und kommen zu meinen Konzerten, um mir zuzuhören. Ich bin sicher kein Teil der »normalen« Gesellschaft in diesem Land. Ich bin hier für die meisten noch immer ein Außenseiter. Aber es gibt jetzt Menschen, für die es einen Unterschied macht, dass ich existiere. Denen meine Texte was bedeuten. Denen ich eine Stimme geben kann. So wie mein Opa es damals für die Leute in seinem Dorf tun konnte. Ich hoffe, Baba sieht das aus dem Paradies.

7. FÜR DIE DIEBE

Immer auf der Lauer

Ich war easy drauf. Ich ging in diesen Laden rein und gönnte mir ein bisschen was. Ich nahm mir einfach, was ich haben wollte. Zehn Jahre war ich alt, und ich hatte leicht schwitzige Hände, aber Angst hatte ich keine. Die kriegten mich sowieso nicht. Die großen Jungs hatten mir gesagt: Alles kein Problem. Zieh einfach dein Ding durch. Und die machten es ja jede Woche, manchmal jeden Tag. Und ihnen passierte auch nichts. So krass konnte es also nicht sein.

Ich übertrieb von Anfang an. Die Älteren schickten mich los, um ein Nike-Shirt zu klauen, und ich holte drei. Ich lieferte ab, ohne aufzufliegen. Ich ging ins Kaufhaus, sah mich um, wo sich die Verkäufer herumtrieben, von denen die meisten eh mit der Langweile zu kämpfen hatten. Sie räumten die Regale ein und falteten zum zehnten Mal dasselbe T-Shirt zusammen. Der Typ an der Kasse checkte sein Handy. Sie arbeiteten ihre Stunden ab, waren schon halb weggetreten, und der einzige Trick bestand darin, sie in diesem Zustand zu belassen. Ich musste bloß aufpassen, dass ich ihre Aufmerksamkeit nicht auf mich zog.

Ich ging entspannt, aber zielgerichtet durch die Reihen. Mein Puls wurde schneller. Nicht, weil ich Schiss hatte, sondern weil ich wusste, dass ich etwas Verbotenes tat. Ich lief in die Textilabteilung, durch den Gang mit den Nike-Sachen. Jacken, Hoodies, Trainingsanzüge, die hatten jeden Scheiß hier. Bei den Shirts angekommen, riss ich eins beim Vorbeigehen vom Bügel, checkte, ob es gesichert war, steckte es mir beim Gehen in die Hose. Meine Hosenbeine hatte ich wie immer in meine Socken gesteckt. Da fiel nichts raus, das war safe. Ich machte den Move drei Mal. Nicht nachdenken, einfach durchziehen. So hatten es die Jungs immer gesagt, und daran hielt ich mich. Ich hatte das Gefühl, den Angestellten überlegen zu sein. Die interessierten sich gar nicht für mich. Dass der Laden beklaut wurde, war denen scheißegal, es war ja nicht ihr Eigentum, also kackten fast alle drauf. Statt zur Kasse ging ich zum Ausgang, statt in der Hand trug ich das Nike-Shirt in der Hose. Mein Herz pochte, aber ich war cool. Ich war unsichtbar. Ich ging raus durch die Tür, ich atmete aus. Ich hatte es drauf.

Und die Jungs machten Augen. Gleich drei Shirts brachte der Kleine an. Sie wussten natürlich sofort, wem sie die Dinger verchecken konnten. Jedes Shirt ging minutenschnell für einen Zwanni weg – anstatt für sechzig Mark wie im Laden. Auf der Ware zu sitzen, sie lagern zu müssen, das war dumm, das wusste ich auch als Zehnjähriger schon.

Ich bekam meinen Anteil direkt zugesteckt, pro Shirt war es ein Zehner. Damit hatte ich also dreißig Mark in zehn Minuten verdient. Ich verschwendete keine Gedanken daran, ob die

Aufteilung des Geldes fair war oder nicht. Ich war nun Teil des Teams und freute mich, dass wir alle unseren Cash machten. Es war mir eine Ehre mitzumischen. Ich dachte nicht an das Risiko, das ich einging, an die Konsequenzen, die mir drohten, sollte ich erwischt werden. Ich würde immer besser werden, da war ich mir sicher. Ich würde nicht erwischt werden, ganz einfach, weil ich nicht erwischt werden *wollte*. Das sollten alle wissen: Der Kleine war schlau. Dem kam niemand so schnell auf die Schliche.

Ich begann, meine Aktionen genauer vorzubereiten, mir einen genauen Plan zu machen, bevor ich zuschlug. Wieder und wieder. Alles lief reibungslos, und so war es nur eine Frage der Zeit, bis aus Ladendiebstahl Einbruch wurde. Auf die Idee kamen Memo und Cenk. Sie waren Brüder, einer 14 der andere 16 Jahre alt, und kamen aus Kreuzberg. Meistens chillten sie bei uns im Wedding. Memo sah schon richtig mies aus, er hatte einen Vollbart wie ein Erwachsener und trug seine pechschwarzen Haare zum Dutt gebunden. Damit sah er aus wie Zlatan Ibrahimović mit Bart. Sein Blick war immer ernst, er lachte kaum und war ziemlich wortkarg. Sein Bruder Cenk hingegen war ein dicker Spaßvogel. Er redete den ganzen Tag und war extrem witzig, deshalb mochten ihn alle. Der lustige Dicke, der immer Süßigkeiten in sich reinstopfte, das ist das Erste, was mir einfällt, wenn ich an Cenk denke.

Die beiden gingen in Schönberg zur Schule, und wenn wir im Park chillten, erzählten sie immer von ein paar Rich Kids in ihrer Klasse.

»Bro, der Typ ist ein mieser Angeber«, beschwerte sich Memo. »Jeden Tag labert der mich voll, dass sein Vater ein Juwelier ist und alles besorgen kann, wenn ich mal was brauche. Als ob ich mir was Heftiges beim Juwelier leisten könnte.«

Memo war richtig genervt von dem Typen, also schlug ich vor, den Jungen mal zur Seite zu nehmen.

»Lass den Idioten abziehen, wenn er so auf Nummer macht«, meinte ich.

»Da gibt es nichts abzuziehen, Bruderherz. Der Typ sieht aus wie ein Mülleimer, bei dem gibt's nichts zu holen. Der trägt nicht mal eine Kette um den Hals, und das, obwohl sein Vater Juwelier ist. Der labert nur den ganzen Tag. Heute hat er mich wieder vollgequatscht, dass er in der nächsten Woche mit der Familie nach Griechenland in den Urlaub fährt.«

»Meinst du das ernst?«, fragte Cenk.

»Safe«, entgegnete Memo.

»Ja, dann lass bei dem in die Wohnung reingehen, wenn die im Urlaub sind«, schlug Cenk vor.

»Ich weiß, wo die wohnen.«

Wir guckten uns an und dachten alle dasselbe. Jackpot! Wenn der Vater tatsächlich Juwelier war, hatten die safe viel Schmuck zu Hause. Da war was zu holen. Und wenn sie im Urlaub waren, konnte uns nicht viel passieren.

Wir verteilten die Aufgaben: Memo würde in der Schule noch ein paar dumme Fragen stellen, ob die Familie auch wirklich nach Griechenland flog und wann genau es losging und ob es da am Strand auch richtig geil war. Einfach ein bisschen Müll reden, um an die Infos zu kommen. Cenk und ich verabredeten uns für den folgenden Tag, um die Lage in der Straße zu checken, wo der Junge wohnte.

Als wir ankamen, war nicht viel los, eine ruhige Einbahnstraße, einfach tot. Ein restaurierter Altbau mit schöner Fassade und vielen kleinen Balkonen, alles sah gepflegt aus in der Gegend. Wir hatten sogar Glück, quasi gegenüber war eine Grünanlage mit einer Tischtennisplatte und einem Spielplatz mit Kleinkindern. Wir chillten uns also auf eine Bank und starrten auf den Hauseingang.

Nach kurzer Zeit schon wurde uns extrem langweilig. Es passierte einfach gar nichts. Keine Leute liefen vorbei, keine Autos fuhren, todeslangweilig. Wir hielten nur eine Stunde aus und fuhren zurück nach Wedding. Memo wartete am Bolzer auf uns.

»Alles safe, Habibis! Die sind ab nächste Woche weg für zwei Wochen. Strandurlaub, voll das krasse Hotel, blabla. Er hat mal wieder dick aufgetragen.«

Wir beschlossen, noch ein paar Tage abzuwarten und dann eine schnelle Nummer draus zu machen. Tür aufbrechen, kurz alles hochnehmen, und weg. Für Memo und Cenk war es nicht das erste Mal. Was für mich das Klauen war, war für die beiden Wohnungseinbruch.

Als es so weit war, trafen wir uns ein paar Häuserblocks von unserem Ziel entfernt. Ich lief rum wie immer. Als würde ich mir einen Kebab holen oder zum Klauen gehen. Nikes, Jeans und ein T-Shirt, wie ein ganz normaler Junge, der sich den Tag vertrieb.

Memo hatte eine Sporttasche dabei, in der er ein Brecheisen und ein paar Schraubenzieher trug und in der später der ganze Schmuck transportiert werden sollte.

Wir kamen in der Straße an, postierten uns wieder in dem kleinen Park und beobachteten den Hauseingang. Memo ging rüber und klingelte bei der Familie. Einfach um sicherzustellen, dass wirklich niemand da war. Es wurde nicht geöffnet. Er kam zurück, und wir saßen noch ein paar Minuten zusammen. Niemand kam aus dem Haus, niemand ging rein, und genau das machte mich nervös. Es tat sich einfach nichts, und das wirkte auf mich so wie in einem Film. Als würde jemand warten, dass wir loslegten und in eine Falle tappten.

»Sollen wir durchziehen, Bros?«, gab Memo den Startschuss.

»Klar, Bruderherz! Uns kann nichts passieren. Die sind gerade in Griechenland und genießen ihr Leben. Und wir nehmen ihre Wohnung kurz auseinander«, nickte Cenk.

»Ganz sicher? Ich habe ein mieses Gefühl bei der Sache«, sagte ich.

»Keine Bange, Dikka, alles wird gut. Lass losgehen!«

Memo warf sich die Sporttasche über die Schulter, und wir überquerten die Straße, als plötzlich die Tür aufging.

»Fuck, Dikka, das ist sein Vater«, zischte Cenk. »Was macht der Bastard hier?«

Wir gingen am Hauseingang vorbei, als ob nichts wäre. Der Vater des Typen war tatsächlich zu Hause und nicht im Urlaub. Er stieg in einen grauen Mercedes Benz und fuhr an uns vorbei, noch bevor wir das Ende der Straße erreichten.

»Bist du behindert, Dikka!«, schrie ich Memo an. »Du hast ja überhaupt gar nichts im Griff. Du kannst nicht einmal rausfinden, ob die weg sind oder nicht!«

»Die sind safe weg, Bruder. Kein Plan, warum der Vater da ist. Der Typ hat nie was davon gesagt, dass sein Vater nicht mitfliegt.«

»Lass trotzdem durchziehen«, sagte Cenk. »Wir gehen da morgen wieder hin, und wenn der Typ irgendwann in sein Auto steigt, steigen wir in seine Wohnung.«

Ich hatte ein mulmiges Gefühl, aber ich war nicht der Typ, der den Schwanz einzog. Was sollte uns schon passieren? Ob der Typ jetzt in Griechenland chillte oder in seinem Laden arbeitete, er würde jedenfalls nicht zu Hause sein.

Am nächsten Morgen saßen wir wieder im gleichen Park auf unserer Parkbank. Wie bestellt kam der Typ pünktlich aus der Haustür, setzte sich in den Benz und fuhr davon. Erst lief Cenk rüber und klingelte – nichts. Fünf Minuten später war ich dran – wieder nichts. Dann standen wir zu dritt vor der Tür, ich drückte drei Klingelknöpfe gleichzeitig, und der Türöffner summte. Wir chillten ein paar Minuten im Flur vor den Briefkästen, bis die Luft rein war. Cenk pushte schon, Memo beruhigte ihn.

»Chill, Bruder, wir dürfen nicht nervös werden.«

Kurz darauf ging es los. Wir versuchten, extrem leise zu sein. In jedem Stockwerk gab es zwei Wohnungstüren, aber es war totenstill. Nicht der typische Altbau-Vibe, wo jeder Schritt und jede Stimme zu hören war, sondern eher das Gegenteil. Es fühlte sich an wie ein Neubau, auch wenn die Decken sehr hoch waren.

Im dritten Stock war der Familienname deutlich auf einem goldenen Plättchen zu lesen. Memo zog ein paar Schraubenzieher aus der Sporttasche und rammte den kleinsten in den Türspalt knapp über dem Schloss.

»Kann ich helfen, Bro?«, flüsterte ich.

»Chill einfach, Davut, und guck mir zu.« Memo machte auf Vollprofi. »Man fängt mit dem kleinsten Schraubenzieher an und steigert sich dann langsam nach oben. Mit jedem größeren Schraubenzieher, den man in die Tür drückt, vergrößert sich auch der Spalt. Keine große Sache, Dikka. Irgendwann springt das Schloss ganz einfach aus dem Rahmen. Manchmal braucht man den Brechi gar nicht, weil die Türen sich schon mit den Schraubenziehern öffnen lassen.«

Während er die Tür aufhebelte, erteilte er mir eine Lektion in Sachen Wohnungseinbruch. Ich hatte nicht die Nerven, genau hinzusehen, und guckte stattdessen lieber nach unten ins offene Treppenhaus. Alles war still, auch die Action mit den Schraubenziehern war extrem leise. Nur als das Schloss endlich aus dem Rahmen fiel, machte es laut klack.

Wir gingen rein, drückten die Tür hinter uns zu, als wäre es unser eigenes Zuhause. Auch wenn wir noch ganz am Anfang waren, fühlte ich eine Erleichterung, als hätten wir es schon geschafft. Niemand konnte uns mehr beobachten, wir mussten jetzt nur noch ein paar wertvolle Dinge finden. Ich bekam plötzlich Druck im Unterleib und musste mies kacken. Cem lachte mich aus, er meinte, es sei normal, dass so was passiert, wenn man unter Druck steht. »Vergiss das Mal jetzt, wir müssen hier einen Job erledigen«, meinte Memo. Jeder von uns ging in ein anderes Zimmer, um abzuchecken, was zu holen war.

Die Wohnung war übertrieben groß, es waren mindestens fünf Zimmer, alles war extrem aufgeräumt. Fettes Wohnzimmer mit einer riesigen weißen Couch voller Kissen, der Fernseher so groß, dass er auf einem Ständer stand, weil er nicht wie bei normalen Leuten in den Schrank passte. Ich öffnete die Schubladen in der Hoffnung, ein bisschen Cash zu finden. Das hätte ich mir dann eingesteckt, ohne groß ein Wort darüber zu verlieren, als Bonus sozusagen. Aber da war nur Papierkram drin. Briefe, Schlüssel, Fotos, Ordner. Alles nicht zu gebrauchen.

In der Küche war alles aus Chrom, das sah richtig baba aus und war sicher mies teuer gewesen. Es musste hier einfach was zu holen geben, ging es mir durch den Kopf, aber safe nicht in der Küche.

»Ich hab was! Kommt!« Cenk rief uns zu sich in das Zimmer rechts am Ende des Flures. Als ich reinging, deutete er auf eine fette Box im Kleiderschrank des Schlafzimmers. Hier war alles olivgrün. Die Wände waren oliv gestrichen, das Kopfteil des Bettes und die Bettwäsche waren oliv, und von der Decke hing eine fette Lampe im gleichen Ton. Die Schränke hatte Cenk alle aufgemacht und in klassischer Manier die Ecken abgesucht. Und wie im Bilderbuch lag im letzten Schrankabteil ganz links, bedeckt von langen Kleidern und Mänteln, eine Box. So ist das eben: Jeder Mensch versteckt seine Wertsachen genau dort, wo man es erwartet.

Und es wurde noch besser. Wir gingen fest davon aus, dass die Box verschlossen sein würde. Aber wir lagen falsch. Sie war offen. Cenk klappte den Deckel nach oben – und BOOM, alles voll. Armreifen, Ketten, Ringe. Gold, Platin, Diamanten auf dem Schmuck. Jackpot!

»Lass abhauen«, meinte Memo. »Wir sind schon fünf Minuten hier, wir müssen weg.«

Ich griff in die Box und packte eine Handvoll Schmuck, um sie in die Tasche zu stecken.

»Was machst du da, Bruder?«, sagte Cenk. »Wir packen die ganze Box in die Tasche und machen den Abflug. Die passt grad so rein, und wir müssen hier nichts umpacken.«

Ich zog das Ding aus dem Schrank, die beiden spannten die Tasche auf, Reißverschluss zu und ciao.

Memo packte sich die Tasche wieder über die Schulter, Cenk guckte durch den Türspion, ob die Luft rein war, dann gingen wir aus der Wohnung und aus dem Haus, als wäre es das Selbstverständlichste der Welt. Der ganze Move hatte keine Viertelstunde gedauert, und wir hatten mehrere Kilo Schmuck erbeutet. Das Zeug würden wir locker und schnell wegbekommen. Es gab etliche Juweliere, die mit Gaunern wie uns zusammenarbeiteten. Das Zeug wurde sofort eingeschmolzen, weshalb die Bezahlung nach Gewicht erfolgte. Da wurde nicht groß verhandelt. Alle Beteiligten wussten, dass der Kram nicht sauber war und schnell verarbeitet werden musste. Klar, man konnte nicht wahllos zu jedem Juwelier in der Stadt gehen. Aber man kannte sich, es war ein offenes Geheimnis, wer bei solchen Spielchen mitspielte, man checkte ab, wer den besten Kilopreis zahlte, und dort brachte man das Zeug dann eben hin. Da die Ketten, Armreifen und Ringe zu einem Goldbarren verbacken wurden, konnte niemand nachvollziehen, was mit dem geklauten Zeug passiert war.

Für unsere Ladung rechneten wir mit 10K cash in die Hand, und das war richtig Kohle. Wir waren Teenager aus armen Verhältnissen, und plötzlich konnten wir so viel Geld kriegen. Das

Beste war, dass wir dafür lediglich eine Tür hatten aufbrechen müssen. Wir mussten keine Menschen bedrohen, niemanden mit der Waffe in Schach halten. Wir hatten nichts kaputt gemacht, kein Chaos in der Wohnung angerichtet. Es blieb lediglich der finanzielle Schaden, dazu die kaputte Tür, aber das juckt diese Leute nicht. Am Ende wurde hübsch die Versicherung beschissen, und es landete mehr auf dem Konto des Juweliers, als wir davongetragen hatten. Deshalb hatte ich bei solchen Aktionen auch nie ein schlechtes Gewissen. Man ging rein, niemand kam zu Schaden, die Versicherung zahlte. Auf Staat sein Nacken, Dikka.

8. MARKENZEICHEN: GULLIDECKEL

Nachts auf Beutezug

Ich hätte wissen müssen, dass es nicht ewig so weitergehen würde. Baba hatte uns immer eingebläut, dass jeder irgendwann erwischt wurde. Als ich bei einer Aktion Jahre später die Bullen sah, war ich mir sicher, dass der Augenblick gekommen war.

Es war totenstill im Treppenhaus. Man hörte nur das Geschrei der Bullen draußen im Innenhof. Sie riefen sich Kommandos zu, stellten sich auf. Gleich würden sie die Boutique stürmen, in der meine Jungs waren. Wir waren gefickt. Keine Chance. Ich verstand kein Wort von dem Geschrei. Was sollte ich jetzt machen? Niemals würde ich einfach aus dem Haus gehen und mich den Bullen stellen. Vielleicht wussten diese Bastarde nicht mal, dass ich zu dem Raubüberfall dazugehörte.

Ich beobachtete, wie die Bullen das Fenster umstellten, durch das die Jungs eingestiegen waren. Die ersten Cops stürmten gleich rein, und ich stand hier im anderen Seiteneingang, nur ein paar Meter daneben. Mein Puls donnerte gegen meinen Hals. Altbau, hohe Decken, fettes Treppenhaus. Irgendwelche abgefuckten Fliesen mit Oldschool-Muster am Boden. Die Treppen und Geländer aus Holz. Alles richtig schön hergerichtet, hier hatten safe nur Anwälte ihre Kanzleien oder irgendwelche Reichen ihre Wohnungen. Ich musste mich verstecken. Ich musste weg hier. Es gab nur einen Weg, und der führte nach oben in die anderen Stockwerke.

Ich ging hoch. Man hörte jeden verdammten Schritt. Die alten Holztreppen knarzten, als ob ich ein Fettsack wäre. Ich schlich mich bis ganz hoch. Es waren vielleicht vier oder fünf Stockwerke, keine Ahnung. Auf dem Weg baute ich mir einen miesen Plan zusammen. Die Altbauten hatten oft einen sinnlosen Speicher, zu dem die Tür nicht abgesperrt war. Da würde ich mich verstecken, ein paar Stunden chillen und mich verpissen, wenn die Lage sicher war.

Ich ging bis ganz oben. Zwei Türen. Ich griff nach dem Griff der ersten, abgeschlossen. Ich ging zur anderen Tür, öffnete sie, eine Toilette. Absturz, Dikka. Ich kam hier nicht weg.

Sollte ich die verschlossene Tür aufbrechen? Zu laut. Ich ging in die Hocke, schwitzte, als hätte es 100 Grad. Ich hörte, dass es im Hof unten noch immer abging. Geschrei der Bullen. Die hatten meine Jungs erwischt. Im Treppenhaus war es immer noch totenstill. Dann ging das Licht an. Ich hörte, wie jemand die Treppen hochstieg. Noch ganz unten, weit weg, aber das Knarzen drang bis zu mir hoch. Erster Stock, zweiter Stock. Ich betete, dass da nur einer kam, der hier wohnte und gleich in seiner Wohnung verschwand. Ich wartete, dass das Treppensteigen aufhörte. Ich sehnte mich nach dem Sound, wenn einer seinen Schlüssel aus der Tasche nahm, in ein Schloss steckte, aufsperrte. Aber das Geräusch kam nicht.

Stattdessen näherten sich die Schritte, das Knarzen wurde immer lauter. Ich legte mich flach auf den Boden. Wie ein Brett. Ich sah seinen Kopf, seinen Rücken. Er kam die letzte Wendung hoch. Ein Bulle. Er sah mich. Dieser Hurensohn! Scheiße!

»Auf dem Boden bleiben!« Er schrie rum wie ein Geisteskranker und griff nach der Pistole. Ich sah ihm an, dass er sich hardcore erschreckt hatte.

»Alles cool, Dikka, ich schlafe hier nur.«

Juckte ihn alles nicht. »Ich habe hier einen von ihnen! Er ist hier oben!«

Nur Sekunden später standen sie zu fünft vor mir und nahmen mich fest. Auf dem Weg nach unten erzählte ich irgendeine Scheiße, ich sei im Drogenrausch eingepennt, aber das kauften die mir natürlich nicht ab.

Das einzig Gute an der Sache war, dass mich meine Jungs nicht fickten. Es war ein ungeschriebenes Gesetz: Man scheißt keine Leute an, wenn man ertappt wird. Man zieht niemanden rein. Anscheißer werden verflucht, niemand will sie um sich haben. Wer so etwas tat, bekam einen Stempel fürs restliche Leben. Wer loyal handelte, seine Leute nicht mit reinzog, ihre Teilschuld auf sich nahm, würde immer Respekt genießen. Meine Jungs beteuerten, dass ich mit der Sache nichts zu tun hätte und einfach mitgekommen sei, weil wir uns zufällig über den Weg gelaufen waren. Die Bullen mussten mich laufen lassen.

Nach dieser Aktion hätte ich das Ganze einfach sein lassen können, aber ich fühlte es viel zu sehr. Mit den Jahren wurde ich reifer, jeder Raub machte mich souveräner. Es ist wie in jedem Beruf, ich tastete mich bis zu meinen Grenzen vor, dehnte sie aus. Ich checkte, was ging und was eben nicht. Das Netzwerk wurde professioneller, ich lernte meine Jungs in den Extremsituationen besser kennen. Wem konnte ich vertrauen? Für wen war die Action eine Nummer zu krass? Ich hatte diese gewisse mentale Stärke, die man für einen kriminellen Move brauchte. Ich konnte Grenzen überschreiten, skrupellos sein. Das packten nicht alle, und die, denen ein Raub zu heiß war, konzentrierten sich eben auf andere Dinge.

Rama war so ein Typ. Er hatte früh geheiratet und einen Sohn, daher hatte er keinen Bock, geschnappt und eingebuchtet zu werden. Der ganze Film war ihm zu viel Risiko. Er kam auch aus Wedding und kannte alles und jeden. Wenn jemand eine Geschichte erzählte, hatte Rama grundsätzlich noch ein paar Insider parat. Er betrieb einen Spätkauf und lernte dort alle möglichen Leute kennen. Rama unterhielt sich mit jedem bestens. Er war Kurde, aber sah aus wie ein Alman mit seinen hellbraunen Haaren und seinem glattrasierten Gesicht. Man hätte ihm abgekauft, wenn er sich als Max Müller vorgestellt hätte.

Rama wusste über mich und die Jungs Bescheid, auch wenn er kaum ein Wort darüber verlor. Er sprach mich eines Abends an, als wir uns ganz zufällig im Café trafen, das einem meiner Onkel gehörte. Es war schon nach Mitternacht, es saßen nur noch vier Leute im Laden und starrten auf ihre Handys.

»Davut Abi, wie läuft es mit dem Geschäft?«

»Alles bestens, ich kann mich nicht beschweren. Man tut, was man kann. Inschallah bleiben wir alle gesund.«

»Ich habe letztens mit zwei Typen gesprochen, die ab und zu ihre Nummer durchziehen. Nichts Wildes, eine kleine Tour durchs Hinterland, wo man ein paar Tankstellen einen Besuch abstattet.«

Ich wusste sofort, worauf er anspielte. Für ein paar meiner Jungs war das Tankstellenausrauben wie zu einem Hobby geworden. Mein jüngerer Bruder Jusef zog regelmäßig mit den Jungs los, ich war eher selten dabei. Solche Dinger waren mir zu viel Risiko für zu wenig Geld. Die Jungs mussten fast jeden Tag los, damit am Ende der Woche wirklich was hängen blieb. Ich meine nicht die städtischen Tankstellen, die 24/7 geöffnet sind, mit zehn Kameras überwacht und nachts ausgeleuchtet werden wie ein Stadion beim Abendspiel. Ich meine die Tankstellen in Brandenburg, irgendwo im Nirgendwo, die um Mitternacht geschlossen werden, das Licht wird abgedreht, keine Menschenseele mehr da. Das war genau ihr Fall. Vor allem deshalb, weil sie bei den nächtlichen Raubzügen das Gefühl hatten, unangreifbar zu sein. Rama und ich unterhielten uns noch eine Weile. Mir wurde klar, der Typ wollte selbst starten und mit mir eine Sache durchziehen. Als Krimineller lebte man von solchen Leuten, die einen Tipp hatten. Alles allein zu machen kostete Unmengen von Zeit. Ein Tippgeber hingegen steckte dir ein paar Infos zu, die du lediglich gegenchecken musstest, und dann konnte es losgehen. Natürlich wollte Rama auch mitgehen. Nichts im Leben war umsonst.

»Wenn ihr die Aktion startet, Bruder, vergiss mich nicht.«

»Rama, ich glaube dir ja, aber ich habe noch keinen Plan, was ich da rausholen kann. Es muss sich schon lohnen, der ganze Spaß.«

»Guck mal, Davut, die Tankstellen liegen alle auf einer Route. Ab Mitternacht ist nichts los, und die nächste Polizeistation mehr als 15 Kilometer entfernt. Wenn wir einen guten Tag erwischen, sind wir schon fast wieder in Berlin, bevor die Bullen überhaupt losfahren.«

Ich versprach ihm, mich am nächsten Tag zu melden. Ich wollte eine Nacht drüber schlafen. Mir war wichtig, dass sich das Risiko auszahlte. Kleinigkeiten interessierten mich inzwischen nicht mehr. Für 10 000 Euro riskierte ich als erwachsener Mann keine Haftstrafe mehr, das war mir zu blöd. Tankstellen waren deshalb eigentlich nicht mein Ding, da war kein Cash drin, nur die Zigaretten waren interessant. Das hatte ich anfangs noch gemacht, mit 17 etwa ging das los und zog sich ein paar Jahre hin, aber irgendwann wurde mir klar, dass die Tankstellen nichts brachten. Das machte ich nur ganz selten noch, wenn ich dringend Cash brauchte.

Ich sprach mit meinem Kumpel Tamer noch in derselben Nacht darüber, und er pushte mich sofort.

»Lass machen, Bro. Easy money. Und ich habe es bitter nötig. So eine Finanzspritze würde mir im Moment richtig guttun, ich hab fast gar nichts auf Tasche.«

Ich rief Rama am nächsten Tag an und fuhr zu ihm nach Wedding. Er stieg in mein Auto.

»Lass durchziehen, Bruder«, sagte ich.

Er empfahl eine Route, die sich insgesamt über 100 Kilometer erstreckte und auf der wir in drei Tanken reingehen konnten. Hörte sich alles sehr realistisch und machbar an. Es war Sonntagmittag, als Rama aus meinem Auto stieg, und ich wusste schon, dass wir am Mittwoch die Tour durchziehen würden. Ich traf mich mit Tamer und erzählte ihm alles. Er war immer noch hyped und meinte, dass er einen seiner Cousins mitnehmen würde, der einen BMW M5 als Mietwagen hatte und schon oft als Fahrer bei solchen Aktionen dabei gewesen war.

»Jackpot, Dikka. So einen brauchen wir.«

»Was bleibt uns in der Tasche, Bruder?«, fragte Tamer.

»Guck mal, Bruderherz. Cash wird's da nicht geben, die Kassen sind nachts leer, aber wir werden Zigaretten schnappen. Wahrscheinlich 150 bis 200 Stangen pro Tanke, wenn es gut läuft. Ich habe Leute, die mir die Stange für 45 Euro abkaufen. Wenn wir 100 Stangen haben pro Tanke haben, kriegen wir knapp 5K, wenn wir 200 Stangen schnappen, dann halt das Doppelte. 5K pro Tanke wären gut, dann hätten wir im besten Fall 15K nach unserer nächtlichen Fahrt.«

Mittwochnacht holten mich Rama, Tamer und sein Cousengo wie abgemacht am Leopoldplatz ab. Er hatte nicht zu viel versprochen, der M5 war ein mieses Gerät. Mit diesem Teil würden uns die Bullen niemals einholen. Nach einer halben Stunde waren wir im Brandenburger Hinterland und an unserem ersten Spot. Der Ort war wie ausgestorben, kein Mensch zu sehen, alles dunkel bis auf die paar Laternen, die das Licht auf die Straßen warfen.

»Deckel hast du am Start, Bro?« fragte ich Tamer.

»Safe. Vier Stück auf sicher. Kennzeichen sind auch fake, haben wir erst vorhin bei einem anderen dunklen BMW abmontiert.«

Ein Gullideckel ist zusammen mit einer Brechstange, Hammer oder einer Axt das wichtigste Werkzeug für einen Raub. Er ist extrem kompakt und schwer. Wenn man ihn mit Wucht in ein dünnes Panzerglas wirft, wie es die meisten Tankstellen oder Shops haben, ergibt sich im besten Fall ein kleines Loch, dass man dann mit der Brechstange durchschlagen und schnell vergrößern kann.

»Bleib hier stehen, Cousin«, sagte ich, und er parkte den Wagen nur ein paar Meter vor der Eingangstür der Tanke.

Wir stiegen aus, und ich senkte meinen Kopf nach unten, um nicht in die Kameras zu sehen. Meine Augen sollten den Kameras verborgen bleiben. Tamer öffnete den Kofferraum und packte sich den Gullideckel. Rama nahm die Axt und der Cousin das Spanntuch, in das wir die Kippen werfen würden. Wir stellten uns vor die Tür und Tamer ballerte den Gullideckel durch die Scheibe. BOOOM! Der Deckel durchschlug das Glas und landete im Inneren der Tanke. Aber das Loch war nicht groß genug. Rama ballerte mit Axt und Tritten sofort rein und machte das Loch so groß, dass wir nach einer Minute in der Tanke standen.

»Los, Dikka, los! Alle Schachteln rein und lass abhauen.«

Wir rannten zur Kasse, der Cousin breitete seine Arme aus, um das Spannbetttuch zu öffnen. Er biss mit den Zähnen in das gespannte Tuch, um ein Dreieck zu bilden, damit wir die Kippen bestmöglich reinkriegten. Er kam ganz nah ran ans Regal, damit wir alles nur noch reinschieben mussten, ohne die einzelnen Packungen oder Stangen in die Hand zu nehmen. Nach einer weiteren Minute waren die Regale leer.

Der Cousin warf sich das volle Spanntuch über den Rücken und sah von hinten aus wie der Weihnachtsmann. Wir gingen nach draußen, er schmiss den Sack in den Kofferraum, wir stiegen ein, und er drückte aufs Gas. »Das waren keine zwei Minuten Arbeit, Bruderherz«, sagte Tamer.

»Mehr Zeit haben wir auch nicht. Das muss alles glatt laufen. Eine halbe Minute mehr und wir könnten im Knast landen, Dikka.«

Wir fuhren zur nächsten Tankstelle auf unserer Route. Im Auto war es still, das Radio war aus, keiner sagte ein Wort. Wir waren gespannt bis zum Anschlag. Nur eine halbe Stunde Minuten später kamen wir am nächsten Ziel an.

Wir sprangen raus und starteten unser Programm. Tamer warf den nächsten Gullideckel in die Scheibe. Wir nahmen immer mehrere mit, um auf sicher zu gehen. Die Scheibe brach an einer Stelle, aber der Deckel flog wieder zurück auf unsere Seite. Er hob ihn auf und machte es nochmal. Die Scheibe brach.

»Ja, Dikka!«

Das Glas war gebrochen, es bildete sich ein Loch. Rama mühte sich ab wie ein Wahnsinniger, und wir konnten uns nach kurzer Zeit durch den Spalt ins Innere zwängen. Wie beim ersten Mal ging alles schnell, wir funktionierten ohne zu kommunizieren und waren nach drei Minuten wieder im Auto. Als wir losfuhren, schrie Tamer irgendwas zu mir nach hinten und lachte sich kaputt. Das Adrenalin kochte bei ihm wohl über. Wir hatten zwei Tankstellen überfallen und waren undercover. Wir waren zu schnell für die Bullen, nach zwei Minuten waren wir schon wieder verschwunden.

Eine Dreiviertelstunde später, am letzten Stopp, erlebten wir eine Überraschung. Es war mitten in der Nacht, aber die Tanke strahlte hell, und ein fetter LKW parkte seine Zisterne gerade ein, um die Tanke mit Benzin zu versorgen. Wir kamen zum ungünstigsten Zeitpunkt.

»Was ein Absturz!«

»Chill, Tamer. Wir haben an die 400 Stangen Zigaretten im Kofferraum, und wir sind nicht mal zwei Stunden unterwegs. Wir haben ein gutes Geschäft gemacht.«

Der Cousin nickte mir im Spiegel zu. »20K, Bro, wenn du halbwegs richtig schätzt. Wollen wir nicht eine Runde drehen und noch mal attackieren, wenn die Jungs nicht mehr da sind?«

»Sei nicht so gierig, Dikka«, ermahnte ich. »Die dritte Anlaufstation sollte eben nicht sein. Wir müssen unser Glück nicht überstrapazieren. Lass nach Hause fahren. Wir haben unsere Arbeit getan.«

Tamer sah ein, dass es für diese Nacht genug war. Wir fuhren zurück nach Berlin. Wie sich herausstellte, hatten wir 360 Stangen zusammen, das waren knapp über 16K, die wir in einer Stunde verdient hatten. Jeder 4K. Schnelles Geld, aber kein Grund, diese Art des Raubes noch weiter zu betreiben. Auch wenn das Risiko, geschnappt zu werden, nicht sonderlich groß war, konnte doch immer ein Bullenwagen zufällig in der Nähe sein. Wenn man das zwei oder drei Mal die Woche durchzog, kam schon ein ganz schönes Sümmchen zusammen, aber dafür war man dann auch sein halbes Leben auf der Flucht. Für ein paar Tausender lohnte sich das nicht. Ich hatte da keinen Bock mehr drauf.

Das Lustige war: Als ich anfing, Musik zu machen und immer bekannter wurde, wurden mir viele solcher Raubüberfälle noch immer zugeschrieben, obwohl ich nichts mehr damit zu tun hatte. Wenn jemand das Wort Gullideckel-Bande sagte, fiel der Verdacht sofort in meine Richtung, auch wenn ich brav zu Hause auf dem Sofa saß oder gerade irgendwo auf der Bühne stand und mich feiern ließ.

9. ALLES SCHON GESEHEN

Der Staat hat nichts gelernt

Wenn ich Nachrichten sehe, in denen sie Bilder von Flüchtlingslagern irgendwo in Griechenland, Syrien oder Libanon zeigen, gibt es immer Aufnahmen von Kindern. Ich schaue mich dann im Wohnzimmer um, sehe meine Tochter, die mit ihrem Spielzeug hantiert, das ich ihr gekauft habe. In der Wohnung, deren Miete ich zahle. Ich würde alles für meine Kinder tun, damit sie sicher sind, damit sie alle Chancen des Lebens ergreifen können.

Gleichzeitig sehe ich in diesen Bildern meine Eltern. Sehe das Leid, vor dem sie geflohen sind. Ich sehe Familien, die dem Krieg entkommen sind, nur um weiter im Elend zu leben. Ich sehe die eigens dafür erbauten Zeltlager. Kein fließendes Wasser, kein Strom. Menschen, die ihr eigenes Leben retten wollten und das ihrer Kinder. Jetzt haben sie Angst vor Krankheiten, prügeln sich um Windeln. Es ist menschenunwürdig. Sie haben nichts. Nur die Hoffnung auf ein besseres Leben.

Die Geschichte wiederholt sich, und niemand hat etwas daraus gelernt. Während die einen um ihr Leben fürchten, haben die anderen Angst um ihren Wohlstand, ihre Sicherheit, ihre Ordnung. Angst davor, dass die Flüchtlinge herkommen, um ihnen etwas wegzunehmen. Wenn es einer schafft, dir etwas wegzunehmen, obwohl er deine Sprache nicht spricht und hauptsächlich damit beschäftigt ist, selbst klarzukommen in einem fremden Land, dann hast du ein gewaltiges Problem.

Diese Menschen spazieren nicht über die Grenze, suchen sich eine hübsche Wohnung aus und übernehmen dann einen Job, den vorher ein anderer gemacht hat. Wenn sie Glück haben, werden sie in Züge gepackt und nach Deutschland verfrachtet. Dort warten dann die Behörden, die sie in ehemalige Kasernen stecken. Oder in heruntergekommene Wohnhäuser. In irgendwelche Gegenden, die eh schon tot sind. Wo man sowieso schon abgeschrieben wird. Wo es nichts gibt außer Kriminalität. Direkt in die Schublade rein. Herzlich willkommen.

Damals wie heute dieselben Fehler. Es hat sich kaum etwas geändert. Es gibt kein Konzept, keine Idee, keinen Plan, um mit den Neuankömmlingen in diesem Land umzugehen. Dabei könnte sinnvolle Integration unser Land vor einem viel größeren Schaden bewahren. Wie viel mehr kann es denn kosten, Menschen frühzeitig die Chance zu geben, auf eigenen Beinen zu stehen, als sie ihr Leben lang über das Sozialamt zu finanzieren?

Immer wenn es Ärger gibt in Berlin, in NRW, in Essen, in Frankfurt, in Duisburg kommen die gleichen Kommentare: arabische Großfamilie, Parallelgesellschaft, Islamisten. Ist schon mal jemand auf die Idee gekommen, dass es sich um ein hausgemachtes Problem handeln könnte? Menschen fliehen nicht aus Spaß, sondern aus Perspektivlosigkeit. Menschen werden nicht aus Spaß kriminell, sondern aus Perspektivlosigkeit. Die letzte Flüchtlingswelle verebbt gerade erst, und die nächste lässt sicher nicht lange auf sich warten. Wie lange soll noch auf das Problem gezeigt werden, statt eine Lösung zu suchen? Hofft man insgeheim, dass sich alles in Luft auflöst, wenn man lange genug untätig bleibt? Dass es den Menschen zu blöd wird und sie lieber in den Krieg zurückgehen?

Der Staat muss handeln, Optionen bieten, etwas in Aussicht stellen. Nicht, weil diese Menschen, die zu uns kommen, zu faul wären, ihren eigenen Weg zu gehen – ihr eigener Weg hat sie zum Teil zu Fuß durch ganze Länder geführt! –, sondern weil sie diesen Weg zwischen Aufnahmecamp, unklarem Aufenthaltsstatus und Behördengängen nicht sehen können! Wer nicht weiß, ob er bleiben darf, und wer spürt, dass er nicht willkommen ist, wird kein Teil einer Gesellschaft.

Stattdessen fließt das Geld in Übergangslösungen, von denen auch Kriminelle profitieren. Dubiose Geschäftsmänner kaufen mit ihrem schmutzigen Geld aus dem Milieu heruntergekommene Gebäude, hübschen sie etwas auf, richten das Nötigste her und bieten sie dem Staat als Unterkunft für Flüchtlinge an. Kassieren vom Staat das Cash dafür, dass sie Menschen unter unwürdigen Bedingungen ein Dach über dem Kopf geben. Ein Dach in einem Umfeld, wo sie wieder nur unter sich sind, sich selbst überlassen. In meinem Umfeld kriege ich oft genug mit, wie sich Leute mit diesem Geschäftsmodell eine goldene Nase verdienen. Ist ja auch logisch, mit dem Staat Geschäfte zu machen, das ist entspannt. Die haben immer Kohle, sind immer flüssig. Da gibt es nie Engpässe, man muss nie anrufen, wo denn das versprochene Geld bleibt. Das Ding ist safe. Der Staat macht Geschäfte mit Kriminellen. Das ist Endlevel.

Es fängt bei den Kleinsten an. Ich frage mich als Vater oft: Sind die Lehrer und Erzieher auch nur ansatzweise darin geschult, mit Kindern umzugehen, die vom Krieg betroffen waren und eine Flucht mitgemacht haben? Kann man darin überhaupt geschult sein? Oder braucht es nicht viel eher Lehrer und Erzieher aus der Kultur der Kinder, die auch in Deutschland zu Hause sind und somit beide Welten und Kulturen zusammenführen können? Hätten wir die nicht vor Jahren schon ausbilden müssen?

Aber statt Kinder gemeinsam miteinander aufwachsen und lernen zu lassen, werden diejenigen, die kein oder nur ein paar Brocken Deutsch können, in gesonderte Sprachkurse gesteckt, in denen sie wieder nur unter sich sind. In denen sie das Neue nur als das Fremde begreifen. Sie werden beiseitegeschoben und in Unterkünften geparkt, aber nicht auf das Leben außerhalb der Heime vorbereitet. Sie lernen weder die Kultur noch die Gesellschaft kennen. Der erste Schritt in die Parallelwelt. Abgrenzung statt Zusammenführung.

Zu Hause gibt es dann eine Summe X vom Staat, weil die Eltern nicht arbeiten dürfen. Es reicht gerade so zum Überleben, aber zu mehr auch nicht. Das wäre ja sogar in Ordnung, wenn es der erste Schritt wäre, ja, der erste von zehn Schritten. Doch es bleibt der einzige. Und dann hocken sie da mit ihrem Flüchtlingsgeld in der Drecksunterkunft und sind sich selbst überlassen in einer fremden Welt. Wenn sie erst mal geparkt sind, gibt es die eine oder andere Pflicht, den einen oder anderen Behördengang, aber dabei geht es nur darum, den aktuellen Status zu halten. Eine echte Brücke in die bestehende Gesellschaft wird nicht gebaut.

Lieber werden die Gesetze verschärft, Abschiebungen werden unkomplizierter vollzogen. Ist das wirklich Fortschritt? Die erste Generation von Flüchtlingen, deren Kinder hier geboren wurden, die in den eben beschriebenen Parallelwelten aufgewachsen, abgerutscht und kriminell geworden sind: weg mit ihnen. In ein fremdes Land, in dem sie angeblich ihre Wurzeln haben, obwohl sie oftmals noch nie dort waren. Es reicht, dass ihre Eltern vor Jahrzehnten mal dort gelebt haben.

Deutschland ist mein Land, meine Heimat. Ich war kaum je woanders, schon allein aus Angst, bei der Wiedereinreise abgewiesen zu werden. Das fickt mein Leben. Ja, ich habe Scheiße gebaut. Ich habe dafür geradegestanden und saß im Knast. Ich habe auf die harte Tour lernen müssen, dass die Vorbilder aus meinem Umfeld nichts taugten. Aber ich bin nicht als Zehnjähriger aufgewacht und habe beschlossen, dass ich Krimineller werden will. Das war kein verdammter Vorsatz!

Dass ich die Musik gefunden habe, hat mich gerettet. Ich mache deutschsprachige Musik. Weil es die Sprache ist, in der ich denke, in der ich träume. Meine Realität spielt sich in dieser Sprache ab. Ich kann mit der deutschen Sprache besser umgehen als viele Deutsche. Ich verdiene damit mein Geld. Und trotzdem spreche ich nicht die Sprache der Deutschen, denn meine Musik handelt nicht von ihrem geordneten Leben, handelt nicht von Dingen, die sie kennen. Sie handelt von meinen verzweifelten – und oftmals gescheiterten – Versuchen, zu ihrer Welt dazugehören zu dürfen.

Wenn ich mir die heutige Situation anschaue, dann sehe ich zahllose Menschen, die genauso scheitern werden wie ich. Den heutigen Flüchtlingen wird es nicht besser gehen. Alles wird eher noch schlimmer. Ich beobachte, wie sich die neue Generation der Flüchtlinge auf der Straße bewegt. Sie versuchen, das Milieu aufzumischen, Fuß zu fassen. In ein paar Jahren sind sie dann mittendrin. Sie sind die nächsten Langfinger in den Geschäften, Einbrecher und Ticker von morgen. Es kommt mir manchmal vor, als würde ich kleine Mini-Me-Kreaturen sehen, die den Weg, den ich hinter mir habe, ganz genauso gehen werden. Wie ich, wie wir damals, stehen viele mit dem Rücken zur Wand. Sie haben nichts zu verlieren und wollen anderen nicht dabei zusehen, wie sie Cash machen, während sie selbst keine Perspektive haben. Wenn man keine Chance bekommt, sich ein neues Leben aufzubauen, glücklich zu sein, akzeptiert man die Regeln nicht.

Der Teufelskreis ist niemals durchbrochen worden. Kinder lernen von ihren Eltern, Geschwistern, Freunden, Nachbarn. Da landet mal einer im Knast. Sitzt die Strafe ab, kommt wieder raus, und es geht von vorn los. Wenn diese Jungs älter werden, bekommen sie eigene Kinder, denen sie kein vernünftiges Deutsch beibringen können, die sie nicht fördern können. Später in der Schule können die Lehrer nicht mit ihrer Aufmüpfigkeit, ihrer Überforderung umgehen. Es gibt schlechte Noten, schlechte Zeugnisse. Die Kids landen auf der Hauptschule, lehnen sich auf, machen Probleme. Kein Abitur, kein Studium, keine ernsthafte Ausbildung. Man dreht sich im Kreis.

Deutschland ist dafür bekannt, Krisen zu meistern, Probleme zu lösen. Wenn was ist, Deutschland kriegt es hin. Das ist der Ruf dieses Staates. Und ich glaube auch an dieses Image, an dieses Land.

Dieser Staat schafft safe alles - wenn er es will. Und gerade deswegen macht es mich so wütend zu sehen, dass Probleme jahrzehntelang ignoriert und weggeschoben werden. Ich glaube so sehr an die Fähigkeiten dieses Landes, dass ein ungelöstes Problem nur bedeuten kann: Wir könnten was tun, aber wir machen es nicht. Wir sehen das Problem, aber es ist uns nicht wichtig genug.

Stattdessen kriegt Florian seine Bildung mit auf den Weg, weil Sabine und Micha gute Jobs haben und in einer guten Gegend wohnen, in der gute Schulen sind. Florians größtes Problem mit 14 Jahren ist es, dass er das neue *Call of Duty* noch nicht spielen darf, weil das Game ab 18 ist und außerdem gewaltverherrlichend, sagt Sabine. Micha sieht das nicht so eng und lässt den Sohnemann zocken, wenn Mama beim Yoga ist. Denn Florian soll bei seinen Freunden nicht ausgegrenzt werden. Florian wird eine hübsche Freundin finden, auch mal kiffen, weil er ein bisschen rebelliert, es dann aber wieder sein lassen, oder er nimmt MDMA, wenn er feiern geht, weil sich das so schön warm anfühlt. Auf sein Studium hat das keine Auswirkungen, er wohnt in einer netten WG oder allein in der ersten eigenen Wohnung. Florian wird mal Zahnarzt oder geht in eine Werbeagentur.

Aber was ist mit Achraf, dem syrischen Jungen, der sich jeden Tag im Park boxt, weil er sich anders nicht zu helfen weiß? Der die Liebe seiner Eltern zwar spürt, aber auch ihre Hilflosigkeit und Ohnmacht, weil sie kämpfen und strampeln und doch nicht vorwärtskommen? Der monatelang die kaputten Schuhe tragen muss, die schon sein älterer Bruder vor ihm trug, und auf die fünf verschiedenen Paar Nikes blickt, die seine Bros in der Klasse anhaben. Achraf passt in der Schule nicht auf, weil sein Kopf zu voll ist mit Problemen, die Kinder noch nicht haben sollten. Seine Hausaufgaben bleiben liegen, weil ihm zu Hause niemand erklären kann, was er nicht versteht. Wie verschafft man diesen Kindern den Zugang zur Bildung? Wie bildet man sie, wie baut man ihr Selbstwertgefühl auf, damit sie schnell hier ankommen, und auch Zahnarzt und Anwältin werden können?

Meine Position ist komfortabel: Ich kann mich hier hinsetzen und diese ganzen Fragen stellen, aber eine Antwort darauf erwarte ich von anderen. Warum? Weil ich kein Politiker bin! Ich bin Musiker. Ich mache Musik, das ist mein Beruf. Diesen Beruf versuche ich, so gut wie möglich auszuüben. Wenn ich merke, ich habe Schwächen, arbeite ich daran. Wenn ich merke, ich muss besser werden, knie ich mich so lange rein, bis ich es bin. Von einem Politiker erwarte ich keine Wunder – ich erwarte einfach nur dasselbe. Ich erwarte, dass er die Chancen sieht. Jede Familie, die in dieses Land kommt, könnte ein Helfer, ein Ansprechpartner für weitere Familien werden, könnte ein gutes Vorbild sein. Es fehlen die Rollenbilder, an denen sich orientiert werden kann.

Es reicht nicht, die Leute auf ihre Dankbarkeit zu reduzieren, die sie gefälligst zu empfinden haben. Der absolute Großteil ist so extrem dankbar wie meine Mama, die fünfmal am Tag zu Gott betet und sich bedankt, dass wir alle in Sicherheit sind. Aber von Dankbarkeit allein kann keiner überleben. Dankbarkeit dem Staat gegenüber macht dich zum abhängigen Untertanen.

Wir alle wollen selbst etwas auf die Beine stellen. Nicht nur anderen gegenüber für ihre Großzügigkeit dankbar sein, sondern stolz auf uns selbst. Wir streben doch alle nach Glück. Jeder wünscht sich ein Leben mit Zielen, die man verfolgen und erreichen kann. Ein Weg ohne Ziel ist nichts wert.

Ich weiß, was in den Kids von heute vorgeht, die keine sichere Zukunft in diesem Land haben. Ich weiß es, weil ich dieselben Ängste hatte, dieselben Minderwertigkeitskomplexe mit mir herumtrug. Ich konnte nie wirklich positiv in die Zukunft schauen, weil ich nicht wusste, was in drei Monaten sein würde. Das fickte meinen Kopf. Jeden Tag. Irgendwann wurde die Angst ein Teil von mir, und ich habe sie gehasst. Ich wollte sie mit irgendwas übertönen, das sich gut anfühlte. Das mich stark machte. Der Drang, geil zu leben, wurde ausgeprägter als alles andere. Ich guckte nach links und rechts und sah, wie es die anderen machten. Wie sie dribbelten, wie sie Dinger drehten. Ich prüfte, wozu ich in der Lage war. Wie weit ich zu gehen bereit war. Konnte ich kriminell werden? Würde ich es psychisch aushalten, mit Drogen zu hantieren, Menschen süchtig zu machen und Familien zu zerstören, um am Ende davon zu profitieren? Andere zu bestehlen, um meine Familie zu ernähren?

Mir war immer klar, dass ich Menschen geschadet habe. Damit zurechtzukommen fiel mir nie leicht. Aber ich habe nicht den Einzelnen gesehen, sondern die Struktur dahinter. Natürlich waren Menschen davon betroffen, wenn wir irgendwo rein sind und was mitgenommen haben. Aber am Ende waren alle versichert. Was bleibt, sind ein paar kaputte Fenster in einem Media Markt. Einem Multi-Millionen-Konzern. Ich bin dorthin, wo ich wusste, die bluten nicht besonders.

Auch dem Staat gegenüber hatte ich kein schlechtes Gewissen. Auf seinem Nacken durchzuziehen, hat mich nie gejuckt. Ich habe dem Staat mein halbes Leben Schaden zugefügt, wenn man es dramatisch ausdrücken will. Mit klauen, ticken, rauben. Und meist ein gutes Leben geführt. Auf Staat sein Nacken. Und ich wurde erwischt. Habe meine verdiente Strafe bekommen für das, was ich getan habe, und sie abgesessen.

Doch jetzt mache ich seit zehn Jahren Musik und habe Hundertausende Euro an Steuern gezahlt. Kann ich es irgendwie wiedergutmachen, dass ich früher ausgerastet, auf die schiefe Bahn geraten bin? Ist es irgendwann so weit in Ordnung, dass ich nicht mehr schikaniert werde? Was kann ich tun, damit ich eines Tages nach meinen Taten von heute bewertet werde und nicht nach denen von früher?

Ich habe etwas geschafft im Leben. Ich habe mein Musik-Label, meine Künstler, mein Studio. Ich mache Songs mit den anerkanntesten und besten Musikern des Landes, ich habe Nummer-eins-Hits. Aus mir ist etwas geworden. Könnte ich nicht als Beispiel dienen, dass sich doch alles zum Positiven wenden kann? Zumindest in Form eines klaren und festen Aufenthalts. Ich brauche keinen deutschen Pass, alles gut. Aber wäre es nicht möglich, dass ich meinen Kindern irgendwann sagen darf, dass Papa safe ist?

10. PANZAKNACKA

Das Spiel mit dem Feuer

Es kam vor, dass ich zur Arbeit ging, obwohl ich Cash auf Seite hatte. Einfach, um nicht den Anschluss zu verlieren. Da waren gute Leute um mich, die ich einweihen konnte, denen ich vertraute, und das wollte ich nicht aufgeben. Wer immer wieder absagte und nicht am Start war, den fragte man irgendwann nicht mehr. Es gab genug verzweifelte Leute, die pushten, weil sie Kohle brauchten, und die sofort bereit waren, in die Lücke zu springen, sobald sich eine auftat. Das war wie in jedem anderen Business, nur ging es bei uns noch viel schneller.

Ich chillte zu Hause vor dem Fernseher, es war kurz vor Mitternacht, ich pennte immer wieder auf der Couch ein und wachte wieder auf. Mein Handy klingelte, mein Kollege Jamal rief an.

Davut, hast du ein paar Stunden Zeit?

Ja, wieso?

Wir wollen los. Wir müssen arbeiten. Wir brauchen noch einen Mann.

Wer ist sonst noch dabei?

Azad sitzt schon bei mir im Auto, und wir holen gerade Orhan ab. Kommst du?

Ja, ich zieh mir was an und bin in zehn Minuten vor der Tür.

Mit Jamal zog ich regelmäßig Dinger durch, der Typ war stabil und stand zu seinem Wort, ich vertraute ihm. Ein paar Minuten später stieg ich in einen schwarzen Audi A8 ein. Kennzeichen HH, es war ein Mietwagen, den einer der Jungs am selben Tag für 24 Stunden gemietet hatte. Die Stimmung im Auto war entspannt, für alle Beteiligten war es Routine, arbeiten zu gehen. Wir unterhielten uns über Gott und die Welt, hörten Radio oder pennten auch mal für ein paar Minuten weg. Wir hatten eh viel Zeit. Jamal hat etwas rausgesucht, dass eine Weile entfernt war. Das Ziel war knapp 300 Kilometer weit weg: ein gut bestückter, großer Handyladen, etwas abseits gelegen und acht Kilometer entfernt von der nächsten Polizeistation. Wir sprachen auf der Fahrt über die mögliche Beute und malten uns aus, in zwei Minuten Dutzende iPhones, iPads und Galaxys aus dem Laden zu tragen und am nächsten Tag schon zu Geld zu machen.

Es war drei Uhr nachts, als wir in die Nähe unseres Ziels kamen. Unter der Woche lag das kleine Kaff um diese Uhrzeit wie ausgestorben da. Wir hielten ein paar Kilometer vor dem Laden, um unser Kennzeichen zu wechseln. Das war kein großes Ding, wir schraubten von irgendeinem beliebigen parkenden Auto innerhalb von Sekunden das Kennzeichen runter und montierten es beim Mietwagen drauf. Azad hatte noch einen Feuerlöscher besorgt und in den Kofferraum gelegt für den Fall, dass die Bullen uns auf dem Rückweg auf die Pelle rückten. Einer von uns würde dann aus dem fahrenden Auto auf die Bullen hinter uns mit dem Feuerlöscher sprühen, sodass die im besten Fall nichts mehr sahen und abbremsen mussten.

Während Azad das Kennzeichen neu montierte, packte ich den Feuerlöscher und den Rucksack mit dem Werkzeug auf die Rückbank. Kleine Hammer für die Vitrinen, eine fette Axt und ein Bettlaken, das uns als Sack für die Beute dienen sollte. Orhan hatte sich in der Zwischenzeit auf die Suche nach einem Gullideckel gemacht und kam gerade schnaufend aus der Dunkelheit zurück. Er war ein richtiger Ochse, übertrieben groß und durchtrainiert, und trotzdem tat er sich schwer, das Ding zu schleppen, weil es so ein Brocken war.

Wir fuhren wieder los und waren innerhalb von fünf Minuten am Laden. Ich sah von Weitem schon die blauen LED-Lichter. Im Auto war es still, keiner sagte ein Wort. Jeder war auf Adrenalin und wartete, dass es losging. Der Ablauf bei solchen Arbeiten war immer derselbe, es war wie Fließbandarbeit. Nur eben im kriminellen Milieu.

»Jungs, seid ihr bereit? Es geht los, holen wir uns unser Brot«, sagte Jamal.

Die beiden Jungs rissen die Autotüren auf und liefen vor, Orhan mit dem Gullideckel in beiden Händen. Er ballerte ihn mit voller Wucht ins Schaufenster. Baaaam! Die Scheibe ging zu Bruch, die Jungs stiegen ein. Ich bearbeitete währenddessen die Scheibe mit der Axt und schlug die restlichen Splitter und Zacken weg, damit das Bettlaken daran nicht hängen bleiben konnte. Rundherum gingen ein paar Lichter in den Wohnungen an, es dauerte keine 10 Sekunden und ich hörte Schreie: »Hey! Was macht ihr da! Ich rufe die Polizei!«

Mich juckte das nicht, ich war im Film, und in zwei Minuten wären wir sowieso hier weg. Ich schaute auf und sah Jamal mir entgegenkommen. Er schrie: »Panzerschrank! Panzerschrank!«

Mir wurde bewusst: Fuck, das hier war ein Reinfall. Wenn die Geräte nachts in einem Panzerschrank aufbewahrt wurden, war das meist ein Zeichen dafür, dass in dem Laden schon mal eingebrochen worden war. Einen Panzerschrank kriegten wir aber niemals so schnell auf. Dafür brauchte es eine Flex, und wir hatten weder die Zeit noch das Werkzeug.

Aber es war noch nicht vorbei. Als ich mich umdrehte, ballerte Orhan gerade den Gullideckel in das Schaufenster des benachbarten Ladens. Da die Scheiben nicht beleuchtet waren, hatte ich gar nicht gecheckt, dass es dort noch einen Handyladen gab. Ich schöpfte Hoffnung, vielleicht war doch nicht alles umsonst.

Wir sprachen nicht, wir funktionierten nur. Das Glas brach, die Jungs gingen rein, ich bearbeitete die Scheibe. Alles so, als hätte es die erste Aktion gar nicht gegeben. Noch mal von vorn. Doch nach Sekunden schrie Jamal wieder: »Panzerschrank!«

Die Jungs kamen rausgerannt, wir stiegen ins Auto und hauten ab. Nach fünfzehn Minuten auf der Landstraße hielten wir kurz an, um die Kennzeichen zu wechseln. Lichter aus, Azad sprang aus dem Wagen und zog das schnell durch, direkt am Waldrand. Es war stockdunkel, wir konnte keine drei Meter nach vorn sehen. Aber hinter uns tauchte ein Auto mit grellem

Scheinwerferlicht auf einem kleinen Hügel auf. Es fuhr nicht weiter. Die Bullen?

Azad stieg wieder ein und drückte aufs Gas. Einfach nur Kick-down, alles andere ergab sowieso keinen Sinn. Der andere Wagen war etwa 500 Meter hinter uns. Als wir losfuhren, setzte er sich in Bewegung, sein Licht in unserem Rückspiegel. Azad beschleunigte weiter, fuhr jetzt an die 200 Stundenkilometer, doch der Abstand vergrößerte sich nicht. Sie drückten genauso. Auf der Landstraße war nur 100 erlaubt. Wenn die bei 200 mithielten, konnten es nur Polizisten sein.

Es war vier Uhr nachts, kein Schwein auf der Straße. Azad drückt noch mehr. Erst 250, dann 270! Durchgehend. Ein falscher Move, und es hätte uns aus der Fahrspur gerissen.

Es dauerte zehn Minuten, bis wir die Autobahn erreichten. Die Bullen waren immer weiter zurückgefallen und irgendwann verschwunden. Die trauen sich nicht, mehr als 200 zu fahren. Um irgendwelche Einbrecher zu schnappen, riskierten die nicht ihr Leben. Wir fuhren mehr als 50 Stundenkilometer schneller, also waren wir in 10 Minuten kilometerweit weg von denen.

Auf der Autobahn waren wir mies erleichtert. Wir freuten uns extrem, dass wir die Bullen hatten abhängen können, auch wenn dieser Ausflug ein kompletter Reinfall gewesen war. Doch am Ende ging es nach so einer Aktion einfach darum, nicht gebusted worden zu sein.

Kurz vor Berlin war die Spannung so weit von uns allen abgefallen, dass Jamal und Orhan eingeschlafen waren. Azad und ich waren noch wach, aber schwiegen. Und auf einmal machte es Boom. Aus dem Nichts. Ich habe mich nie im Leben so erschrocken. Alles wurde weiß im Innenraum. Ich konnte kaum etwas sehen, zum Glück konnte Azad so abbremsen, dass uns nichts passierte. Wir stiegen alle aus und husteten die ganze Zeit. Der Feuerlöscher war explodiert. Überall weißer Schaum, Augen, Nase, Ohren, alles brannte.

Kein Plan, wie das passieren konnte. Wir standen mitten in der Nacht auf dem Seitenstreifen und mussten erst mal das Auto halbwegs sauber kriegen, damit wir weiter nach Hause fahren konnten. Das war so surreal, dass wir lachen mussten. Wir haben in dieser Nacht zwar keine Beute gemacht, aber sind glücklich nach Hause gegangen. Mit einem blauen Auge davongekommen, wie man so schön sagt. Ich bin der Meinung, dass es bei neun von zehn Einbrüchen ein Happy End gibt. Dieses Mal eben auf eine ganz eigene Art und Weise.

Ein Happy End erlebte ich auch an anderer Stelle, obwohl mir eine fette Beute durch die Lappen ging. Ich bin kein Typ mit zwei Gesichtern. Meine Art ist geradlinig in jeder Hinsicht. Wenn ich etwas tue, stehe ich dazu und zeige das auch jedem, vor allem in meinem engsten Kreis.

Es klingelte mal wieder das Telefon, die Jungs wollten los. Ich war inzwischen verheiratet und hielt zu Hause nicht hinter dem Berg mit dem, was ich tat. Meine Frau wusste immer, was Sache war. Ich weihte sie nach und nach ein. Keine Einzelheiten, aber ich machte ihr klar, dass ich regelmäßig kriminell unterwegs war, um Geld nach Hause zu bringen und unser Familienleben abzusichern. Meine Frau hieß das nicht gut, sie hielt mir vor, mein Leben, unser Leben, aufs Spiel zu setzen. Sie hatte Angst um mich. Angst, dass ich erwischt und eingebuchtet wurde. Dann hätte ich, hätten wir als Familie, ein großes Problem. Ich sagte es ihr trotzdem: Ich bin heute Nacht wieder auf der Straße, Arbeit steht an. Sie drehte durch, drohte auszuziehen, wenn ich das durchzog. Sie hörte nicht auf, sich aufzuregen und mir Vorwürfe zu machen. Wir, unsere Tochter, die Zukunft. Ich bekam tatsächlich ein schlechtes Gewissen, ich fing an nachzudenken, ob ich wirklich gehen sollte. Sie schaffte es, Chaos in meinem Kopf zu stiften. Ich bin kein Typ, der sich gern streitet, der diese Filme macht, ich habe es lieber, wenn meine Gedanken geradeaus laufen. Ich rief die Jungs an und sagte für diesen Job ab.

Am nächsten Tag rief mich Abdalla direkt an.

»Bruder, du wirst durchdrehen.«

»Was ist los?«

»200 Äpfel, Bruder. Und du saßt einfach faul zu Hause rum.«

»Willst du mich verarschen?«

»Nein, komm vorbei und hol dir dein bol sans ab.«

Bol Sans heißt wörtlich übersetzt Glücksgeld. Damit deutete Abdalla an, mir etwas Geld der Beute als Trost in die Tasche zu stecken, weil ich nicht dabei gewesen war. Auch wenn es nicht viel wäre, war es zumindest ein bisschen was.

200 Äpfel hieß, dass die Jungs 200 iPhones aus dem Raub gezogen hatten. Mieser Jackpot. Und ich war nicht am Start gewesen. Ich wurde direkt sauer. Alles nur, weil ich mich durch meine Frau hatte aus der Bahn werfen lassen. Ich zog mir Schuhe an, ging wortlos aus der Wohnung und fuhr zu Abdal-

las Wohnung, wo ich mit den Jungs häufiger chillte. Als ich dort ankam, traute ich meinen Augen nicht. Sein Wohnhaus sah von Außen aus wie eine Polizeistation. Blaulicht, die Polizei-Vans standen quer über die Straße geparkt, überall Bullen. Die Jungs wurden observiert und hochgenommen. Statt die 60K für 200 iPhones zu verballern, mussten die Jungs in U-Haft. Ich fuhr vorbei und zurück nach Hause zu meiner Frau, die mich nicht, wie ich gedacht hatte, um fette Beute brachte, sondern mich tatsächlich vor dem Knast bewahrte.

Das Ding ist, dass man trotz der ständigen Gefahr auf diesem Happy-End-Gefühl hängen bleibt, wenn man einen Raub erfolgreich durchgezogen hat. Es ist wie eine Droge. Der Fakt, dass man neun von zehn Mal bei diesen schnellen Aktionen nicht geschnappt wird, ist Fluch und Segen zugleich. Man hört einfach nicht auf, man lässt es nicht bleiben. Immer mit dem Gefühl: Wird schon alles gut gehen.

Und beim nächsten Mal hatte ich dann eben Pech. Weil die Einbrüche in die üblichen Handy-Shops scheinbar am schnellsten und unkompliziertesten liefen, hatte ich nach und nach ein gutes Netzwerk an Abnehmern gefunden, die mir die Beute aus dem Kofferraum in großen Mengen abkauften, um sie selbst unter die Leute zu bringen oder als Zwischenhändler gewinnbringend weiterzugeben. Weil ich dieses Netzwerk hatte, bot ich den aktiven Jungs an, mir eine bestimmte Menge zu verkaufen, damit ich als Zwischenhändler agieren konnte, ohne immer beim Raub dabei zu sein. Yunus, ein Typ, der entweder in der Spielothek saß oder auf Raubzug war, schrieb mir eine

Nachricht, ob wir uns am Abend kurz treffen könnten. Es war frühmorgens, und ich ahnte sofort, dass ihm ein Mann fehlte und er mich dabeihaben wollte bei einer Aktion. Der Typ war gefühlt ständig auf Raubzug und ging drei Mal die Woche arbeiten, weil er sein ganzes erbeutetes Geld in die Automaten schmiss. Nach dem Abendessen machte ich mich auf den Weg in die Spielo, in der er quasi wohnte.

»Was steht an, Bruder? Hast du einen Tipp bekommen oder warum wolltest du mich hier persönlich sprechen?«

»Davut, hör zu, ich habe was für dich.«

»Was denn?«

»Wir haben vor vier Tagen Gold rausgeholt. Du hast doch Typen an der Hand, die mir das direkt abnehmen.«

»Ich mache das klar. Was willst du haben? Und wie viel ist das wert?«

»Ich habe etwa 700 Gramm. Der Wert liegt bei 35K. Ich will 25K.«

Ich hatte Cash auf Seite und bot ihm 22K auf die Kralle an. Keine Politik, kein Warten, kann sofort losgehen.

Yunus willigte ein. Wir einigten uns, dass er im Laufe des späten Nachmittags mit der Ware zu mir kommen sollte. Bis dahin wollte ich jemanden gefunden haben, ihm die Ware abkaufen und dann sofort weitergeben. Es kostete mich nur einen Anruf, und ich hatte tatsächlich einen Typen, mit dem ich häufiger Geschäfte machte und dem ich gewinnbringend das Gold weitergeben konnte.

Yunus schrieb mir wie abgemacht am nächsten Tag gegen 16 Uhr, dass er in einer halben Stunde bei mir sein würde mit dem Gold. Und so war es dann auch. Yunus kam vorbei und wir gingen direkt in den Hauseingang und weiter die Treppe runter in den Keller. Er sagte kein Wort, während ich die fette Stahltür zu den Kellerräumen aufschloss. Ich zeigte ihm den Weg und deutete auf den Platz, wo er die Tasche ablegen sollte. Dann griff ich in meine Jogginghose und holte einen Batzen von 500er- und 100er-Scheinen raus. 22K in Cash. Ich kannte Yunus, Yunus kannte mich, da gab es nichts zu kontrollieren. Er nahm das Geld an sich, und verschwand wieder in Richtung Stahltür und Ausgang.

Das Gold sollte ein paar Stunden später abgeholt werden von meinem Kontakt, wofür es 30K geben sollte. Das war der Deal: Ich lagerte für ein paar Stunden eine Tasche in meinem Keller und sackte 8000 Euro ein. Später am Abend, es war 22 Uhr, rief mich mein Kontakt an und bat mich, die Ware noch zu bunkern. Er müsse spontan weg aus Berlin und werde in zwei Tagen mit dem Geld kommen und die Ware holen. Ich weiß nicht, was sein Problem war, vielleicht hatte er nicht das Cash, um die Übergabe zu machen. Ich wartete ab.

Am Tag danach traf ich morgens auf einen Nachbarn. Cüneyt wohnte nicht nur nebenan, er war über all die Jahre auch ein Freund geworden. Er ging hier und da mit auf Arbeit und war traurig, wenn man ihn bei gewissen Dingen nicht involvierte. Er meinte sofort, dass er mal wieder meine Hilfe brauche. Er habe einen Tipp bekommen, dass ein Typ eine große Menge Geld bei sich in der Wohnung bunkerte.

»Ich schwöre bei Gott, Davut. Locker über 100K. Zu Hause, in bar.«

»Niemals, Dikka. Wer macht so was.«

»Ich schwöre es dir, Bruder. Das ist safe.«

Er ließ nicht locker und sagte immer wieder: »Bitte, Bruder. Hilf mir bei der Sache.«

»Okay, ich helfe dir, die Tür aufzumachen«, sagte ich. »Wir gehen rein, checken, was da ist, nehmen das Geld mit und teilen die Beute.«

Kein Plan, warum ich das tat. Im Keller hatte ich eine Tasche mit Gold, mit der ich 8K mit einem Anruf verdienen würde. Und on top hatte ich auch noch genügend Geld auf Seite. Ich hatte es nicht nötig, mich auf das nächste Ding einzulassen, aber ich tat es, weil Cüneyt mein Freund war. Mir war klar, dass da nicht einfach irgendwo 100K rumliegen würden. Aber vielleicht waren es ja 30K oder 50K, wenn die Story stimmte.

Wir warteten nicht lange und gingen in das Nachbarhaus zu der Wohnung, um das Ding schnell durchzuziehen. Wir klingelten bei dem Typen, es passierte nichts. Ich steckte eine Karte in den Türschlitz, und öffnete die Hauseingangstür. Wir waren drin. Der Typ wohnte im ersten Stock, ich machte mich sofort daran, die verfickte Tür aufzuhebeln. Ich schaffte es einfach nicht. Schraubenzieher rein, mit dem Brechi rein, es ging nur um Millimeter voran, aber keine Chance, diese Tür aufzukriegen. Ich hätte den Brechi reinrammen müssen, richtig Lärm machen, damit sich was tat, und damit wären wir in dem hellhörigen Altbau sofort aufgeflogen. Das war zu viel Action, und deshalb sahen wir zu, dass wir wegkamen. Richtige Absturzaktion. Wir redeten gar nicht auf dem Nachhauseweg, ich ging zu mir und Cüneyt in seine Wohnung.

Zwanzig Minuten später klingelte es an der Tür, ich machte auf, und vor mir standen vier Kripos. Ich hatte keine Chance. Die Nachbarn des Typen, in dessen Wohnung wir nicht einbrechen konnten, hatten uns beobachtet und sofort die Polizei gerufen. Scheinbar hatte eine Nachbarin uns beobachtet und erkannt. Ich machte keine Anstalten mich rauszureden, ich wusste, ich war aufgeflogen. Und das wegen so einer Scheißaktion. Die Bullen nahmen mich fest und führten mich ab. Eine zweite Einheit lief bei mir zu Hause ein und durchsuchten die ganze Bude. Und den Keller auch. Und fanden die Tasche mit dem Gold. Ich flog auf, sie hatten mich. Absturz! Ich fühlte mich so dumm. Wieso hatte ich das Zeug nicht woanders aufbewahrt. Bei einem Freund oder eine Freundin. Dort wäre es sicher gewesen, niemand wäre darauf gekommen. Ich war gefickt. Die Bullen zählten eins und eins zusammen, die waren ja nicht blöd. Ich wurde angeklagt und bekam nach langem Hin und Her 24 Monate auf Bewährung.

Auch wenn ich gebusted wurde, war die Sache in gewisser Weise eine Lehre für mich. Ich hatte mich belabern lassen. Ich hatte etwas getan, wovon ich nicht überzeugt gewesen war. Für jemand anderen, nicht für mich. Ich war nie einer, der mehrmals die Woche arbeiten ging und Beute machte. Andere gingen alle drei Tage, ich war einmal im Monat unterwegs. Die Typen, die ständig loszogen, zumindest der Großteil von ihnen, hatten ein riesengroßes, krasses Problem mit Koks und Spielautomaten. Die gingen heute irgendwo rein, machten eine Aktion, nahmen 5000 Euro mit und verspielten das innerhalb von zwei Tagen. Dann zogen sie noch Koks bis zum Gehtnichtmehr. Sie gingen pennen, wachten irgendwann aus ihrem Turn auf und merkten, dass sie kein Geld mehr hatten. Kein Geld für Automaten, kein Geld für Drogen, kein Geld zum Leben. Sie mussten wieder los, sie hatten keine Wahl. Was für ein beschissener Teufelskreis. Das lief so lange, bis sie gebusted wurden und in den Knast gingen. Die meisten Banditen hatten genau diesen Werdegang. Ich schwöre bei Gott. Die waren süchtig. Nicht nur nach Automaten und Drogen, sondern nach genau diesem Teufelskreis.

Ich hatte diesen Film nicht in mir. Nie gehabt. Ich hatte kein Automatenproblem. Ich hatte kein Kokainproblem. Gott sei Dank. Ich hatte das alles mal probiert, aber ich war nicht drauf hängengeblieben. Ich bin anders, ich brauche den Exzess nicht. Das gibt mir nichts. Ich kenne den Unterschied so gut, weil ich damit auch in der eigenen Familie konfrontiert wurde. Mein kleiner Bruder Jusef hat manchmal an einem Abend 50 Tausend Euro verspielt. Unvorstellbar. Er hat in großen Casinos gespielt und nächtelang Geld verballert. Ich bin irgendwann mit ihm gemeinsam zu den Spielos und Casinos und habe ihn dort sperren lassen, damit er sein Leben nicht zerstört.

Ich danke Gott, dass ich nicht auf so etwas kleben geblieben bin. Ich will nicht hochnäsig klingen, aber ich denke bis heute, dass ich zu etwas Besserem bestimmt bin. Ich will mein Leben nicht verschwenden. Ich habe immer meinen Kopf benutzt. Wenn andere mit ihrem Geld in die Spielos und Puffs gingen, fing ich an, Musik zu machen. Vielleicht habe ich einfach Glück gehabt, weil mir das so viel Spaß machte.

STATEMENT II

Kontra K Skit

Berlin ist ein Dorf. Und Gleich und Gleich gesellt sich gern. So kann man in zwei Sätzen verknappen, warum Davut und ich zusammengefunden haben. Davut ist ein Freund, und wenn ich Freund sage, meine ich das auch. Ich kannte ihn, oder besser gesagt seinen Namen, bevor ich ihn das erste Mal traf. Das ist normal auf der Straße, man kennt sich über Ecken. Und weder ich noch Davut waren Kinder von Traurigkeit. Wir sind Freunde von Freunden.

Früher, als wir noch deutlich jünger waren, vielleicht etwa vor 15 Jahren, ging es um Realness. Das war eine andere Welt. Da gab es kein Instagram, kein YouTube, oder wenn doch, dann juckte es niemanden. Schon gar nicht uns auf der Straße. Die Musikindustrie gab nichts auf die Straße, anders als heute. Das war zu gefährlich, nicht Mainstream genug. Einen Ruf oder gar einen Hype musste man sich über Jahre selbst erarbeiten. Da gab es keine Klicks, von denen man vermeintlich ableiten konnte, ob jemand krass ist oder nicht. Kann man heute übrigens auch nicht. Diese Parallelwelt im Internet ist so dermaßen fake.

Damals bekam man auf der Straße mit, dass die Weddinger Jungs das eine oder andere Ding durchgezogen hatten. Einer von ihnen war Davut. Es muss 2015 gewesen sein, da sprach mich ein Kollege auf die Clique um AK an.

»Kennste die?«

»Ja, klar kenne ich AK und seine Leute. Aber nie miteinander gesprochen. Trotzdem gute Jungs, was ich so höre.«

»Feierst du deren Musik?«

»Klar, ich feier die brutal. Warum?«

»Die sind jetzt bei Patrick und seinem Label AKF gesigned. Wir können im Studio vorbeischauen, und vielleicht ergibt sich ja was.«

»Ja, sofort, lass machen.«

Ich hatte mir da keine großen Hoffnungen gemacht oder ausgemalt, dass wir mies durch die Decke gehen könnten, aber ich wollte die Jungs mal persönlich kennenlernen. Für Musik hegten wir ganz offensichtlich die gleiche Leidenschaft, und im Studio konnte immer alles und nichts passieren. Mal schrieb man innerhalb von wenigen Stunden einen Hit, und ein anderes Mal chillte man nur und es passierte gar nichts. Kreativität funktioniert nicht auf Knopfdruck.

Mir war klar, dass wir uns gut verstehen würden, auch wenn wir uns noch nicht kannten. Wir Jungs von der Straße haben oft eine ähnliche Perspektive auf die Welt. Ich tanzte, wie Davut auch, auf der Klinge zwischen gut und böse. Damals jedenfalls war das so.

Ein paar Tage später fuhr ich mit einem Kumpel in den Wedding ins Studio der Jungs. Das war alles sehr provisorisch, ein heruntergekommenes Zimmer, in das man durch einen Hinterhof hinter einer Tankstelle kam. Der Raum war höchstens 15 Quadratmeter groß, komplett vernebelt vom Rauch der Joints. Eine Couch, ein paar Stühle, Schreibtisch, Rechner, Boxen, ein Mic. Das Nötigste, aber ausreichend, um geile Mucke zu machen. Wir liefen da ein, und es war von der ersten Sekunde so, als würde man sich ewig kennen.

Die Atmosphäre war topp. Davut chillte mit seinen Jungs, es waren sicher sechs oder sieben Leute da. Einer von ihnen war Sonus, der damals ganz am Anfang seiner Karriere stand und heute einer der krassesten Produzenten im Hip-Hop ist. Davut sah genauso aus wie heute. Jeans, Shirt, Lederjacke. Der Kerl altert nicht, so kommt es mir jedenfalls vor. Er war von der ersten Minute an entspannt und offen, hatte immer diesen klaren Blick und guckte einen direkt an, wenn er mit einem sprach. Eine Eigenschaft, die ich gut an Menschen finde.

Wie es nun mal so ist, verquatschten wir uns erst mal ein paar Stunden. Wir sprachen über Gott und die Welt, über gemeinsame Bekannte, über sinnlose Stories eben. Wir waren sofort cool miteinander. Erst Stunden später fingen wir an, über Musik zu reden. Er war gerade dabei, sein erstes Album *Panzaknacka* aufzunehmen, und hatte auch schon einen Beat von Sonus im Kopf, auf dem er mit mir rappen wollte. Da gab es kein Abtasten oder irgendwelche Spielchen, AK wollte gleich einen Song mit mir machen. Und von meiner Seite gab es auch nichts zu diskutieren. Ich kannte die Videos wie »Echte Berliner«, die die Jungs bei Aggro.TV gedroppt haben, also wusste ich, dass er es draufhatte.

Ich weiß heute nicht mehr, wie viele Stunden wir da saßen, aber es wurde sehr viel geraucht, mit sehr vielen Leuten. Ich habe zu dem Zeitpunkt nicht mehr gekifft und bin todeshigh geworden, weil der Rauch den ganzen Raum ausgefüllte. Trotzdem schafften wir es direkt in derselben Nacht, den Song komplett aufzunehmen. Es hat einfach geflowt. Weder er noch ich hatten etwas vorbereitet, aber wir steigerten uns mit jeder Minute mehr rein. Der eine hypte den anderen, man warf sich Ideen und Textfetzen zu, und der Vibe stimmte. Wir kamen beide aus demselben Haifischbecken. Er musste mir nichts erklären und andersrum ebenso wenig. Wir fanden diese Linie, auf der wir beide musikalisch gehen konnten. Ich könnte mit Davut Tausende Songs machen, und wir würden diese Linie immer wiederfinden.

Unsere Linie ist die Straße. Es gibt viele da draußen, die reden von der Straße, aber wir sind wirklich die Straße. Die Geschichten sind allseits bekannt, die Menschen kennen sie, wenn sie sich für uns interessieren, man muss es nicht ständig aufrollen. Ich weiß, er und seine Jungs haben dieses und jenes gemacht, und er weiß, ich und meine Jungs haben andere Dinge gemacht. Er weiß, wir knicken nicht ein, und ich weiß, sie knicken auch nicht ein. Wir wissen, wo wir herkommen. Scheiß auf Rap. Ich meine das echte Leben. Es klingt immer so aufgeblasen, wenn man von Straße spricht. »Die Straße« – wenn du das schon sagst, hat alles seinen Glanz verloren. Das wurde so oft von den falschen Leuten missbraucht. So totgelutscht. Wenn ich davon spreche, dann meine ich wirklich das echte Leben, das uns unter schwierigsten Umständen geprägt hat. Davut ist 1000 Prozent authentisch, und ich bin es auch.

AK ist der personifizierte Gangster-Rap. Er umschreibt nichts mit sinnlosen Metaphern, er sagt, wie es ist. Er fährt nachts mit den Jungs los und wirft irgendwo einen Gullideckel durch die Scheibe. Schnörkellos und real. Das ist Gangster-Rap. Echte Geschichten. Echte

Berliner. Das habe ich sofort gefeiert, genau damit hat er es auf eine hohe musikalische Ebene gebracht. Aber das ist nicht alles, das wäre zu einfach. Sowohl damals wie auch heute gibt es niemanden, der dieselbe Musik macht wie er. Es gibt viele Abkömmlinge, ja. Man kann sagen: Es gab doch den oder den. Aber das ist nicht dasselbe. Davut hat die dunkle Seite der Straße in Songs verpackt. Das war für mich das Berlin, das noch keiner beleuchtet hatte. Mit dem ich mich identifizieren konnte. In unserer ersten Nacht im Studio zum Beispiel zeigte er mir den Song »2065«.

Ein Song, den ich bis heute übertrieben feiere. Ich musste mir nicht aus Nettigkeit oder Respekt irgendwelche positiven Dinge ausdenken, die ich dazu sagen konnte, weil der Song einfach nur krass war. Ich wollte unbedingt mit drauf und habe es Davut auch mehrfach gesagt, aber der Song war schon fertig produziert und als Single festgelegt. Auch wenn Davut eingewilligt hätte, es wäre zu spät gewesen. Doch ich wollte meinen Teil beitragen, daher meinte ich: »Ok, dann lass mich aber das Video drehen«.

Davut war einverstanden. Zu der Zeit gab es noch keine krassen Videos. Es gab das übliche Kameragewackel und so eine Scheiße, aber nichts wirklich Geiles. Ich hatte aber damals schon einen Sinn für eine gewisse Ästhetik, außerdem konnte ich mit der Kamera umgehen. Ich bekam die Chance, etwas Geiles zu machen, also ließ ich mir die Chance nicht entgehen.

Das ist inzwischen fünf Jahre her. Seitdem supporten wir uns, wo immer es möglich ist. Ich muss Davut nichts fragen. Wenn ich etwas auf dem Herzen habe, wenn er etwas hat, wir sind füreinander da. Das ist mir viel mehr wert als jedes beknackte Feature. Scheiß auf Features. Fuck it. Scheiß auf den Erfolg. Darum geht es nicht. Ich bin auch Vater. Wenn wir uns über unsere Kids unterhalten, strahlen unsere Augen. Er freut sich für mich und ich mich für ihn. Das ist alles echt.

Wenn er so weitermacht, wie er jetzt ist, wenn er konsequent seine Musik rausbringt, sich nicht ablenken lässt, dann spielt er bald Zehntausender-Hallen. Dann ist er im nächsten Jahr da, wo ich jetzt bin, aber auf seine Art und Weise. Das sage ich ihm ständig. Zu viel Straße hindert einen irgendwann daran, ganz nach oben zu kommen. Das heißt nicht, dass man vergisst, wo man herkommt. Aber man hat einen langen Weg, um zu realisieren, dass man selbst das Licht ist, dass dem Boot den Weg durch die Dunkelheit weist. Davut ist auf seine Art das Boot und das Licht. Du musst auch für deine Jungs von der Straße das Licht sein, dass das Boot führt. Das ist oft schwierig, für mich auch. Aber ich glaube, Davut hat es verstanden. Wenn er jetzt noch den letzten kleinen Schritt macht, die letzte Konsequenz durchzieht, dann kommt er noch mal auf ein ganz anderes Level. Sein Charisma und seine Echtheit sind seine Alleinstellungsmerkmale. Die Art von Musik, die er macht, gibt es von keinem anderen.

11. BANG BANG

Der Schmerz des Lebens

Gewalt war schon immer ein Teil meines Lebens. Wo ich war, gab es Gewalt. Sie gehörte zu meiner Kindheit, zu meiner Jugend, zu meiner Entwicklung. Egal ob im Park, in der Schule oder auf der Straße: Ich musste meinen Mann stehen. In der Welt, in der ich lebte, musste ich einstecken und austeilen. Pack schlägt sich, Pack verträgt sich. So lief das bei uns.

Ich ließ mir nichts gefallen. Schwäche zeigen führte dazu, dass die anderen einen direkt als Punching Ball benutzten. Ich musste sehr früh lernen, dass ich mich nicht kleinmachen lassen durfte. Wenn man so wie ich mit Älteren chillte, machten die einen sonst schnell zu ihrem Sklaven. Sie testeten, wie weit sie bei mir gehen konnten, versuchten, mich rumzukommandieren. Ich ließ das nicht mit mir machen. Wenn jemand stabil zu mir war, war ich stabil zu ihm. Wenn jemand versuchte, Ansagen zu machen, schoss ich zurück. Auch wenn das öfter in einer Schlägerei endete, weil ich Älteren gegenüber frech wurde.

Abbas, Fatih, Okan, Can, Robi und Mahir waren Jungs aus dem Viertel, die ich quasi jeden Tag traf. Mit den Jungs bin ich groß geworden, auch wenn sie mir immer etwas voraus waren. Robi war Pole, er fing damals als Erster mit Fitness an und hatte einen miesen Körper. Er hatte ein Talent dafür, Fahrradschlösser zu knacken. Wenn es ein Schloss mit Zahlencode war, knackte er das Ding in zwei Minuten. Wenn wir kein Bock hatten, zu Fuß zu gehen, checkten wir in unmittelbarer Nähe alles nach Fahrrädern mit Zahlenschloss ab. Wenn wir eines fanden, knackte es Robi, und wir fuhren mit dem Fahrrad weg. Keiner behielt das Fahrrad, wir ließen es einfach dort zurück, wo wir unser letztes Ziel hatten.

Mahir war Albaner, ein richtiger Nationalist, der wegen des Bürgerkriegs im ehemaligen Jugoslawien miesen Hass auf die Serben schob. Er formte seine Hände gefühlt alle 15 Minuten zum Adler, dem Staatssymbol Albaniens. Er war immer sehr aggressiv und ging keiner Konfrontation aus dem Weg. Auch ich geriet oft mit ihm aneinander, weil er mich beleidigte. Wir boxten uns regelmäßig.

Abbas und Fatih waren Araber, beide eher so fette stille Typen. Sie redeten nicht viel, aber wenn es drauf ankam, waren sie für jeden Scheiß zu haben.

Okan war Türke und sah aus wie ein Alman. Sein Vater hatte einen orientalischen Feinkostladen, und die Familie hatte mies Cash. Er trug immer Polo-Shirts und ging sogar aufs Gymnasium, aber er hasste es dort. Die Erwartungen, die von seiner Familie an ihn gestellt wurden, der nette feine Junge zu sein, hasste er noch mehr. Deshalb chillte er mit uns und nahm jeden Anlass wahr, uns zu beweisen, dass er einer von uns war und kein Schnösel.

Wir trafen uns jeden Tag und chillten zusammen. Mal draußen, mal bei einem zu Hause, das lief die ganze Jugend so. Damals war es völlig normal, dass man immer dieselben Leute um sich hatte. Wir standen auf die Vorstellung, dass wir eine richtige Gang waren, wie wir sie aus den Ami-Filmen kannten. Auch in Berlin gab es zu der Zeit diverse Gangs, deren Namen man immer wieder hörte. Was wirklich dahintersteckte, wusste ich nie. Araber Boys, Kolonie Boys, The Black Panthers. In Kreuzberg gab es die Warriors und die 36, in Neukölln Spinne44. Das dürfte heute vielen ein Begriff sein, weil Arafat Abou-Chaker Mitglied bei Spinne44 war und sein neues Label so nannte, nachdem er mit Bushido und dem gemeinsamen Ersguterjunge-Label gebrochen hatte.

In jeder Gegend gab es eine Gang, die sich so aufspielte, dass andere Gangs nicht auf die Idee kamen, in ihrem Gebiet zu chillen, weil es sonst Stress und Schläge gab. Wenn jemand in unseren Kiez kam und auf wichtig machte, wurde er geboxt. Ganz einfach. Wie in Gangster-Filmen, da hatte auch keiner was in einem fremden Ghetto zu suchen. Mir machte das miesen Spaß, allein der Gedanke, dass wir ein Territorium für uns beanspruchten und andere nicht aufmucken konnten. Ich war noch so jung, aber malte mir schon im Kopf aus, dass wir eine große Nummer würden wie die Bloods und Crips, die heftigsten Gangs Amerikas.

Am Leopoldplatz direkt um die Nazareth Kirche fand jedes Jahr ab Anfang Dezember ein Weihnachtsmarkt statt. Dort gab es alles, was man von jedem anderen Markt auch kennt. Glühwein, Lebkuchenstände, man konnte Bratwurst oder Pfannkuchen mit Nutella essen und Figuren für den Weihnachtsbaum kaufen. Die meisten Leute, die diese Stände betrieben, waren schon ziemlich alt, auch das Publikum dort bestand vor allem aus Omas und Opas. Es war gerade mittags, ich schwänzte mal wieder die Schule, und war auf dem Weg zu Abbas nach Hause. Es war arschkalt, und wir wollten bei ihm chillen und Fernsehen gucken.

Als ich über den Weihnachtsmarkt lief, holte ich mir einen kandierten Apfel, weil ich die Teile früher extrem gern gegessen habe. Da fiel mir eine Gruppe von Rockern auf. Das waren keine Hells oder Bandidos, sondern ältere Typen in der üblichen Rockerkluft. Damals gab es in unserem Kiez diese Gruppierungen noch nicht, das kam erst später im Laufe der Jahre. Stiefel, Lederhose, Lederjacke und diese komischen Mützen, die nicht mal über das Ohr reichten. Deutsche, dicke Typen, die gern Bier tranken und sich vollfraßen, keine Kriminellen. So zumindest stempelte ich die Rocker ab.

Während ich meinen Apfel aß, wurde es ein paar Meter weiter, dort wo die Rocker standen, immer lauter. Ein paar Männer schrien sich gegenseitig an, ich checkte anfangs nicht, ob sie untereinander Spaß machten oder sich mit einer anderen Gruppe anlegten. Auf einmal flog eine Flasche und traf einen der Rocker direkt am Kopf. Booom! Der Kerl sackte zu Boden und schrie.

Ich ging noch ein paar Schritte in deren Richtung, um zu sehen, was abging. Dabei bemerkte ich ein paar Typen, die ich schon kannte und von denen ich wusste, dass sie zur AyYildiz-Gang gehörten. Nationalistisch und patriotisch eingestellte Türken, die nur Türken in ihren Kreis aufnahmen und mit niemand anderem verkehrten. Alles, was keinen türkischen Ursprung hatte, war für die Jungs Dreck. Das waren türkische Faschisten. Einer von ihnen trug einen Aufnäher mit Stern und Halbmond an seiner Alpha-Jacke. Er stürzte sich auf den Rocker, der am Boden lag, und schlug auf ihn ein. Keiner versuchte, ihn aufzuhalten, alle guckten nur zu. Er verpasste dem Typen ein paar Fäuste und zog ein Butterfly-Messer aus der Jackentasche. Er stach zu. Einmal, zweimal, dreimal. Alles passierte innerhalb von Sekunden. Der Kerl hörte erst auf, als einer seiner Kollegen ihn an der Jacke von dem Mann unter sich wegzog.

Die Jungs rannten weg. Am Boden blieb ein Typ, dessen Bauchdecke offen war. Man konnte es durch sein graues Shirt sehen, das schon mit Blut durchtränkt war. Durch die Löcher des Shirts quoll sein Fleisch oder die Innereien, was auch immer es war, heraus. Es war abartig ekelhaft. Mir blieb ein Stück Apfel im Halse stecken, ich bekam keinen Bissen mehr runter. Der Typ war aber immer noch bei Sinnen, er drückte mit beiden Händen auf seinen Bauch, so als wolle er seine Wunde stopfen. Er schrie nach Hilfe. Die ersten Leute knieten sich zu ihm und versuchten, ihm zu helfen. Ich schmiss den Apfel in einen Mülleimer und verpisste mich vom Weihnachtsmarkt.

Es war das erste Mal, dass ich sah, wie jemand abgestochen wurde. Ich weiß nicht, ob der Typ es geschafft hat, ich bekam nur mit, dass er sich wohl mit den AyYildiz-Leuten schon früher angelegt hatte und diese ihm einen Denkzettel verpassen wollten. So wurde es jedenfalls Tage später auf RBB im Fernsehen berichtet.

Dass ich die Typen kannte, die das zu verantworten hatten, machte das Ganze seltsam real. Ich sah sie fast jeden Tag im Wedding. Sie trugen alle die gleichen Jacken. Eine Art Erkennungsmerkmal, um sich Respekt zu verschaffen, ohne dass sie ein Wort sagen mussten. Es waren vielleicht 15 Jungs, die der Gang angehörten. Die meisten kannten mich und meine Freunde und Brüder sogar persönlich. Sie wussten, wo sie uns einzuordnen hatten, und nahmen uns nicht ernst, weil wir viel zu jung waren. Wir konnten immer frech zu ihnen sein, und sie machten den Spaß mit. Wir quatschten sie ungeniert an, machten Faxen, und wurden dann aus Spaß in den Schwitzkasten genommen. Der Umgang mit solchen Jungs war mein Alltag.

Ich selbst hatte nie Schiss vor etwas, hatte nichts zu befürchten. Ich kannte die bösen Jungs. Es war nicht ihre Brutalität, die mich auf dem Weihnachtsmarkt so erschrocken hatte, sondern einfach der Fakt, dass da Gedärme aus einem Mann hingen, der wenige Sekunden vorher noch sein Bier getrunken hatte. Aber ich wusste: Das war real life im Wedding. Es konnte an jeder Ecke passieren, wenn man zur falschen Zeit am falschen Ort war.

Die Szene am Weihnachtsmarkt war die erste heftige Gewaltszene, die ich vor Augen geführt bekam. Es folgten viele weitere. Typen wurden im Park fast totgeschlagen, eine Gruppe ging auf die andere los mit Schlagringen, Stöcken und Macheten. Ich kannte die meisten zumindest vom Sehen und war in ihre Politik nicht verwickelt, aber ich stumpfte schnell ab. Als ich zum zehnten Mal sah, wie einer am Boden lag und kaputt geschlagen wurde, war es schon nichts Außergewöhnliches mehr.

Ich verarbeitete diese Erfahrungen für mich allein. Ich ging nicht etwa nach Hause und erzählte meinen Eltern, was ich gesehen hatte, damit sie mir erklären konnten, wie die Welt funktionierte. Ich wollte nicht, dass sie Angst um mich bekamen. Ich frage mich heute manchmal, wie ich dabei halbwegs normal im Kopf bleiben konnte. Ich war und bin psychisch wohl immer ein starker Mensch gewesen. Ich habe das Gefühl, dass ich mehr vertrage und aushalte als andere.

Die schlimmste Erfahrung meines Lebens hatte nichts mit tatsächlicher Gewalt zu tun, aber sie war schmerzhafter als jede Faust. Der Tod meines Vaters hat mich sehr hart getroffen. Ich habe den Film, diesen schrecklichen Tag, die wenigen Minuten, als ich Abschied nehmen musste, wie in Slow Motion vor Augen. Ich lag zu Hause auf der Couch, es war schon Nachmittag, ich guckte MTV TRL und wollte mir gerade was zu essen machen. Mein Telefon klingelte, der Handy-Bildschirm zeigte meinen Bruder Jusef an. Ich überlegte kurz, ob ich rangehen oder zuerst etwas essen sollte, bevor ich ihn zurückrief. Ich hatte kein Bock auf Stress oder schlechte Nachrichten auf nüchternen Magen. Ich nahm trotzdem ab.

»Davut!«

»Ja, was gibt's? Ich muss kurz was essen, dann rufe ich dich zurück.«

»Du brauchst nichts essen. Komm sofort ins Krankenhaus. Jetzt sofort. Baba liegt im Sterben. Er schafft es nicht mehr.«

»Ich bin sofort da.«

Ich fing sofort an zu weinen und zog mir irgendwas an, was noch über einem Stuhl hing, und fuhr sofort ins Krankenhaus, wo Baba schon ein paar Stunden lag. Station 6, Zimmer 311, 3. Stock. Ich rannte zum Aufzug, drückte auf die Drei und rannte Richtung 311. Ich sah von Weitem meine Schwestern und Brüder, die meine Mama in ihre Mitte nahmen. Alle weinten bitterlich und hielten ihre Trauer nicht zurück.

»Was ist hier los?«, fragte ich.

Ich bekam keine Antwort. Ich ging ins Zimmer, wo mein Vater lag. Ich begriff, ohne dass ich Baba ansehen musste. Er war tot, es war vorbei.

Es war das erste Mal, dass ich direkt mit dem Tod eines Menschen konfrontiert wurde, den ich sehr liebte. Die Trauer erdrückte mich, ich sah ihn an und bekam kaum Luft. Es fühlte sich an, als wenn mir jemand den Boden unter den Füßen weggezogen hätte. Wie eine schwere Last, unter der ich jeden Moment zusammenbrechen würde. Ich fühlte mich hilflos, ich konnte nichts mehr tun. Ein Gefühl, das ich sonst nie zuließ. Ich konnte immer etwas tun! Aber hier hatte ich keine Chance.

Ich guckte Baba an. Er lag starr und regungslos in seinem Bett mit hellblauer Bettwäsche. Auf seinem Gesicht lag ein leichtes Lächeln, so als wäre er zufrieden ins Paradies gegangen. Als wäre er froh gewesen, dass es vorbei war. Es wirkte auf mich nicht real, als hätte er nur kurz die Augen mit einem Lächeln zugemacht, um sich etwas auszuruhen. Doch er sollte die Augen nie wieder öffnen.

Alles wirkte wie in einem schrecklichen Traum. In meiner Erinnerung lief alles wie in Zeitlupe ab. Ich nahm Baba in den Arm, und als ich meine Arme um ihn legte, drückte ich ihn fest und schüttelte ihn dabei, als wollte ich ihn aufwecken. Er rührte sich nicht.

Ich ließ wieder los und richtete mich auf. Sah das Loch in seinem Hals, das mit Watte vollgestopft war. Die Ärzte hatten mit einem Luftröhrenschnitt versucht, ihm Luft zuzuführen. Es hatte alles nichts gebracht. Herzversagen wegen Sauerstoffmangel. Die Lunge war kaputt. Baba hatte keine Luft mehr zum Atmen gehabt.

Es war unerträglich heiß in dem Zimmer. Ich schwitze am ganzen Körper. Ich wollte nicht glauben, dass Baba nicht mehr lebte. Dass ich nicht mehr mit ihm sprechen, mich nicht verabschieden konnte. Ihm zumindest sagen, dass ich ihn liebte und dass er der beste Baba der Welt war. Ich wollte es nicht glauben. Meine Brüder nahmen mich in den Arm, aber ich stieß sie weg. Ich wollte mit Baba reden.

»Nein, nein! Bitte nicht. Baba!«, stammelte ich immer wieder.

»Komm, Davut. Es ist, wie es ist. Gott wollte es so«, sagte Mohammed.

»Nein. Niemand kann wollen, dass Baba tot ist!«

Ich starrte meinen Vater noch eine Weile an. Irgendwann kamen zwei Ärzte rein, ich weiß nicht, ob wir zehn Minuten, eine halbe Stunde oder drei Stunden um das Bett standen. Sie forderten uns auf, Abschied zu nehmen. Ich küsste Baba ein letztes Mal auf die Stirn, wünschte ihm eine selige Zeit im Paradies und verließ das Zimmer.

Ich brauchte Monate, dieses Erlebnis zu verarbeiten. Baba war nicht mehr da, ich konnte nicht mehr mit ihm sprechen. Nie mehr. Es war die schmerzhafteste Erfahrung, die ich je gemacht habe. Körperliche Schmerz lässt irgendwann nach, Wunden heilen, vernarben, der Schmerz vergeht. Seelischer Schmerz aber brennt im Herzen. Jemanden zu verlieren, den man liebt. Ein solcher Verlust hinterlässt eine Lücke, die man nicht schließen kann. Sie begleitet einen für den Rest des Lebens.

Was, wenn der Rocker vom Weihnachtsmarkt damals gestorben war? Wenn er sich von den Stichen nicht mehr erholt hatte? Auch er war womöglich ein Vater gewesen, ein Bruder, ein Ehemann. Einfach so aus dem Nichts abgestochen, niemand hat Zeit, sich darauf vorzubereiten, sich an den Gedanken auch nur irgendwie zu gewöhnen, Vorkehrungen zu treffen. Ein sinnloser Tod, an dem eine ganze Familie zerbrechen und kaputt gehen konnte.

Als junge Wilde haben wir uns darüber nie einen Kopf gemacht. Wir haben nie über die Konsequenzen einer solchen Tat nachgedacht, die alles verändern konnte. Mit den Jahren bin ich reifer geworden, ob ich wollte oder nicht. Die Erfahrungen, die ich gemacht habe, brannten sich ein. Gleichzeitig wollte ich der Löwe sein, nicht die Gazelle. Ich wollte nicht gefressen werden, nicht derjenige sein, der tot am Boden lag und meine Familie mit diesem entsetzlichen Leid zurückließ. Es gibt diesen Spruch: Lieber soll eine andere Mutter weinen, bevor meine Mutter weint. Aber letzten Endes weinen beide Mütter. Meine Mutter hat nichts davon, wenn ich jemanden im Streit totschlage und dann jahrelang im Knast sitze. Sie leidet jeden Tag mit.

Ich habe natürlich nie einen Raub gemacht, bei dem ich dachte: Wir gehen da rein und ficken deren Mütter. Aber was passierte, wenn überraschend jemand vor Ort war? Ein Wachmann, den man nicht auf dem Schirm hatte. Ein Mitarbeiter, der noch im Büro war, weil er einen Arsch voll Arbeit hatte. Man ging da rein, und plötzlich war da einer und machte Faxen. Dann musste man dem eine über den Kopf ziehen. Das machst du nicht gern. Das fühlt sich nachher scheiße an. Aber du bist voller Adrenalin und handelst, ohne nachzudenken. Und später wirst du geschnappt, sitzt in der Zelle und denkst: Wieso habe ich das nur getan?

Ich glaube, niemand mag die Gewalt wirklich, gleichzeitig ist sie ein Teil des Lebens, und für viele Menschen Alltag. Der Knast ist ein gutes Beispiel dafür. Trotz 24/7 Überwachung habe ich im Knast viele Typen kennengelernt, die ausgetickt sind und ihre Strafe damit verdoppelt oder verdreifacht haben. Ein Bro von mir, Mert, ging rein und sollte ein Jahr absitzen, kam aber erst nach drei Jahren wieder raus. Er hatte eine kurze Zündschnur und ließ sich leicht provozieren. Er boxte Mitinsassen und ging auf Beamte los, wenn er sich ungerecht behandelt fühlte.

Die Rechnung scheint für einen Außenstehenden einfach. Ich gehe da jetzt rein, halte sechs Monate die Füße still, kriege mehr und mehr Freigang, komme im besten Fall in den offenen Vollzug und kann jeden Tag raus. Im Klartext heißt das: Du darfst keine einzige Meldung kriegen. Du musst dich bewähren, egal, was die anderen tun. Wenn einer kommt und dir eine Bombe gibt, musst du cool bleiben. Du darfst nichts machen.

Den Jungs, die sowieso ewig einsitzen werden, ist das aber egal. Da lässt du dir ein paar Monate nichts zu Schulden kommen, aber kurz bevor deine Strafe gelockert wird, schlägt einer zu. Sofort bist du in eine Schlägerei verwickelt, obwohl du das nicht wolltest, und wenn du dich nicht verteidigst, wird es beim nächsten Mal nur noch schlimmer. Einfach, weil dem anderen langweilig ist, er eh noch acht Jahre vor sich hat und es dir nicht gönnt, dass du früher rauskommst. Da fragt keiner der Beamten, wer angefangen hat. Ihr seid beide dran.

Das erste Mal saß ich mit 14 ein, für Kleinscheiß. Handys abziehen, Leute beklauen. Da bekam ich einen ersten Eindruck, wie es im Gefängnis abläuft. Direkt am ersten Tag kam so ein Typ in den Aufenthaltsraum, um die 17 Jahre alt, Glatze, aus dem Osten, sah aus wie ein Nazi. Er schaltete einfach das Fernsehprogramm um. Wollte die anderen damit provozieren. Ich muckte sofort auf, fragte ihn, was das sollte. Da ging er rüber zu einem Geschirrwagen, nahm ein komplett stumpfes Brotmesser raus und meinte, ich solle die Fresse halten.

Es war mein erster Tag, ich hatte keinen Bock auf Stress, also verließ ich den Raum. Im Vorbeigehen beleidigte ich ihn als Hurensohn. Bis zu meinem Zimmer fluchte ich ständig »Hurensohn«, weil er mich so aufregte.

Ein Typ sah mich, älter als ich, breit gebaut, hatte eindeutig zu viel Testosteron für sein Alter. Taifun hieß er. Er fragte mich, was los sei. Ich sah, dass er Türke war, daher erklärte ich ihm in meinem gebrochenen Türkisch, dass mich so ein Glatzenpenner mit einem Brotmesser bedroht hatte. Taifun nickte und marschierte sofort mit mir zusammen zurück in den Aufenthaltsraum.

»Wer war es?«, fragte er mich.

Ich zeigte mit dem Finger auf den Glatzkopf.

Taifun baute sich vor ihm auf. »Willst du die Fresse eingeschlagen bekommen, du kleiner Hurensohn?«, brüllte er ihn an.

Der andere machte sich fast in die Hose und stammelte, dass das ja alles nicht so gemeint gewesen sei.

»Nie wieder sagst du ein falsches Wort, verstanden?«, drohte Taifun ihm. »Schau, wie alt er ist und wie alt du bist! Dass du dich nicht schämst!«

Danach war Ruhe. Taifun erklärte mir, wer mit wem abhing, wen ich in Ruhe lassen sollte, wie im Film. Aber dadurch begriff ich, wie ich mich zu verhalten hatte, um nicht zur Zielscheibe für irgendeinen Bastard zu werden, dem einfach langweilig war.

Ich saß insgesamt gut drei Jahre im Knast. Ab und zu mal kürzer, U-Haft, aber einmal zwei Jahre am Stück. Da sind nicht die anderen das große Problem, sondern die Zeit. Sie vergeht einfach nicht. Ich hatte einen kleinen Wecker dabei und starrte ununterbrochen drauf. Eine Stunde. Zwei Stunden. Einen Tag. Eine Woche. Alles einzelne Ewigkeiten. Zu wissen, dass das jetzt noch zwei Jahre so weitergehen würde, hat meinen Kopf gefickt. Es gab nur den kleinen Raum, mein Bett, Schreibtisch, Stuhl, Schrank, Toilette und meine Gedanken, die sich immer im Kreis drehten. Wieso die mich einfach so einsperren konnten wie ein Tier. Was die sich eigentlich dachten, wer sie sind. Nur im Schlaf war ich frei von dem ganzen Scheiß. Schlaf war das Einzige, was mich retten konnte.

Dabei hatte ich es noch echt gut getroffen. Freunde von mir haben 10 Jahre gesessen, 13 Jahre, oder sitzen noch immer – lebenslänglich. Das ist ein ganz anderes Level. Meine Strafe war überschaubar, mein Alltag trist, aber nicht unmenschlich: Morgens um sieben ging es zur Arbeit, Gas und Wasser in meinem Fall. Am Nachmittag war die Zelle offen, ich konnte mit anderen rumhängen, Karten spielen, trainieren, irgendwie die Zeit totschlagen. Am Abend dann wieder in die Zelle.

Wenn ich so darüber nachdenke, könnte das Leben im Knast sogar ganz entspannt sein, wenn das Gefühl nicht so stark wäre, gegen den eigenen Willen festgehalten zu werden. Im Vergleich zu anderen Ländern ist der deutsche Knast Luxus. Man bekommt vernünftig zu essen, man kriegt schnell raus, welcher Beamte einem für Geld was reinbringt. Handys, Zigaretten, Drogen, Alkohol. Wenn man nur ein bisschen geschickt war, ging das alles.

Es gab nicht wenige, die sich im Knast richtig wohlgefühlt haben. Die draußen mit der Welt gar nicht mehr zurechtkamen. Wenn sie draußen waren, wollten sie wieder rein, weil sie nichts mehr hatten außer Schulden. Im Vergleich dazu lief im Knast alles halbwegs geordnet ab, mit festen Zeiten und festen

Regeln. Besonders im Erwachsenengefängnis chillen die meisten einfach ihre Strafe ab.

Ich aber wollte immer nur raus. Knast war nichts für mich. Vor allem der Jugendknast ging mir auf den Sack, da rebellierten die anderen Jungs noch, legten sich mit den Beamten oder miteinander an, verlängerten ihre Haft ständig durch die eigene Dummheit. Sie werden erst später ruhiger, wenn sie ein paarmal gesessen haben, wenn es normal geworden ist. Mittlerweile war jeder in meinem Umfeld mal im Knast gewesen. Wer noch nie drin war, kommt gar nicht erst in unsere Kreise.

Während meiner Strafe von zwei Jahren kamen drei meiner vier Brüder nach und nach auch hinter Gitter. Murad vier Jahre wegen Überfall mit Geiselnahme, Mohammed sechs Jahre wegen Todschlag, Abdul zweieinhalb Jahre wegen Drogendelikten. Jusef kam später auch noch auf seine viereinhalb Jahre, aber damals war er der einzige meiner Brüder, der noch nicht saß. Uns allen ging es dreckig damit. Vor allem natürlich meinen Eltern, die nur noch von einem Knast zum anderen fuhren, um ihre Söhne zu sehen. Wir Brüder machten uns Sorgen um Jusef, der auf sich allein gestellt war. Was, wenn ihm irgendwas passierte, während wir nicht da waren?

Die Gedanken, die Trauer der Familie draußen und die Sorgen umeinander, das waren die schlimmsten Erfahrungen für mich im Knast. Groß Stress gab es aber nicht. Ich hatte zum Glück einen guten Background. Mit meinem familiären Hintergrund als Kurde fickte mich keiner aus einer Laune heraus. Die Leute überlegten sich zweimal, ob sie sich mit mir anlegten.

Ich genoss eine gewisse Narrenfreiheit und ließ mich von den Hurensöhnen einfach nicht provozieren.

Meine Kinder werden mit der Zeit mitkriegen, dass Papa nicht nur Gutes getan hat. Aber sie werden sehen, dass ich es aus dem Dreck rausgeschafft habe. Die Gewalt, das kriminelle Milieu, die Raubzüge, das ist alles ein Teil von mir. Ich bin der, der ich bin. Was passiert ist, ist passiert. Ich sehe Leute, die an ihrer Vergangenheit kaputt gehen, weil sie nicht loslassen können. Ich bin nicht so. Ich greife nicht zu Drogen, wenn ich Probleme habe, oder verliere mich in Selbstmitleid. Ich schließe damit ab und fertig. Ich habe meine Probleme immer angenommen und gelernt, mit ihnen umzugehen. Auf meine Art.

Baba sagte: »Du musst auf das hören, was dein Verstand dir sagt, nicht was dein Gefühl sagt.«

Und damit hat er, wie mit allem, recht.

12. STIMME

Was lange währt …

Der Dreh zu unserem ersten Video verging wie im Flug. Die Aufregung, meine Zweifel, ob es das Richtige für mich war. Ich zweifelte bis zum letzten Moment. Ich riskierte alles mit diesem Move. Ein Gangster, der zum Rapper wurde. Ging das auf? Machte ich mich zur Lachnummer? Würde ich ein erfolgreicher Gangster-Rapper werden?

Das Video zu »Meine Stadt Berlin« wurde der Startschuss zu meiner Karriere. Eine Horde Jungs, die in der Amsterdamer Straße vor einer Kamera performten. Wobei »Performance« stark übertrieben ist. Wir stellten uns in der Gruppe auf und improvisierten. Fux und ich ganz vorn, mit Bandanas im Gesicht, die anderen Jungs im Rücken.

Zunächst juckte unser Film niemanden. »It was all a dream«, hat Biggie mal gerappt. Böse Jungs, die auspacken. Die erzählen, wie es wirklich ist, draußen auf der Straße. Da rief 2010 kein Label an und sagte: »Yo, ihr seid krass. Habt ihr Bock auf einen Deal? Hier habt ihr einen saftigen Vorschuss.« Das wäre

Jackpot gewesen, aber damals ging es nicht so schnell. Das war eine ganz kleine Sparte, eine Nische, die wir besetzten. Wir machten Musik, weil wir eine Leidenschaft dafür entwickelt hatten, es war unser Hobby. Aber natürlich hatten wir Träume. Wir guckten Videos der Ami-Rapper wie Snoop Dogg und Puff Daddy und wollten auch diesen Film leben. Geld, dicke Karren, fette Villen und geile Frauen. Wir waren Welten davon entfernt.

Das Video erschien bei YouTube auf der Plattform Thug Life Entertainment. Fux kannte ein paar Atzen dort, weshalb wir die Sache überhaupt hatten durchziehen können. Die Rap-Szene war klein, jeder kannte jeden. Und man reichte sich entsprechend die Hand, weil man im selben Boot saß.

Fux war an meiner Seite, als Freund und Partner. Er beschäftigte sich länger damit, war tiefer in der Sache, kannte die Leute und wusste, wo man hier und da etwas an Land ziehen konnte, um auf sich aufmerksam zu machen. Er war es auch, der mich in die Rapcrew mit reinzog, die sich AusserKontrolle nannte und deren Teil ich plötzlich war.

AusserKontrolle war eine Berliner Crew, die schon Anfang der 2000er-Jahre entstanden war. Der Rapper Alpa Gun, der durch Sido und Aggro Berlin bekannt wurde, scharrte damals Jungs um sich, die rappen wollten. Fux war ebenfalls Gründungsmitglied dieser Clique, hielt sich damals wie heute immer etwas im Hintergrund.

Für mich war klar, dass ich mit Fux den Weg zusammen gehen wollte, und da dieser AusserKontrolle-Film ohnehin seit Jahren lief, blieben wir dabei. Wir hatten nichts zu verlieren. Wir bastelten Beats, warfen uns Textfetzen zu. Ich schrieb dabei nie etwas auf, ich reimte einfach, spittete die Verse, rappte, ließ den Dingen ihren freien Lauf und reflektierte mein Leben. Ich hatte keinen Plan, wie Songs zu sein haben, wie man sie aufbaute, strukturierte, wie man Dinge aufbauschte. Ich ließ einfach alles raus, was mir im Kopf rumschwirrte, was mich beschäftigte. Es ist bis heute so geblieben.

Das erste Video mit Big Baba machte nicht so viel Welle. Ich zerbrach mir weiter den Kopf, ob ich meine Kredibilität auf der Straße verlor, ob ich mich selbst fickte, und dann passierte einfach nichts. Das zweite Video, dass ich mit Fux alleine durchzog, kam deutlich besser an. Weil so viele Leute innerhalb kürzester Zeit unser Video klickten, kamen wir auf die Startseite von YouTube. Aber der Durchbruch gelang uns damit nicht.

Wir chillten weiter regelmäßig bei Fux zu Hause, aber Musik und Rap rückte genauso schnell wieder in den Hintergrund, wie es in den Vordergrund gekommen war. Wir nahmen einige Zeit später ein drittes Video auf. »Wir gehen ab« sorgte aber kaum für Aufsehen. Kaum jemand klickte das Video. Wir nahmen hin und wieder Songs auf, wenn uns langweilig war. Obwohl nach dem dritten Video quasi absolut gar nichts passierte, gab ich die Hoffnung auf eine Rap-Karriere nicht auf.

Die Straße, die Raubzüge, die Gaunerei, das war meine Lebensversicherung. Für mich und für meine Familie. Und es lief ja auch alles gut. Ich musste mich nicht überwinden weiterzumachen, es platzte kein Traum mit einem Knall, es war eher eine sanfte Enttäuschung darüber, dass man mit geiler Mukke nicht mal so eben durchstarten konnte. Fux dagegen hatte fürs erste die Schnauze voll und zog sich aus privaten Gründen zurück. Ich machte erst mal alleine weiter.

Es vergingen ein paar Jahre, mein Leben trottete vor sich hin. Ich vertickte mein Dope, ich ging ab und zu nachts arbeiten und verkaufte die Ware für schnelles Geld. Mir ging es gut, und trotzdem war es kein Dauerzustand.

Irgendwann lief ich zufällig meinem Bro Undercova über den Weg. Ich war ein paar Monate nicht unterwegs gewesen und hatte viel gechillt, und nun feierte unser Bro Ersin seinen Geburtstag in einer Shisha Bar.

»Bro, ich will wieder richtig angreifen. Rap geht mies durch die Decke. Bushido, Sido, die sind alle reich damit geworden. Wir sind krasser als die anderen« sagte ich.

»Safe sind wir krasser, Bruder. Eine Million Mal krasser. Keiner ist so real. Das gibt es in dem Game gar nicht, was wir bieten können. Aber meinst du, die Leute feiern das?«

»Klar. Wenn man das richtig verpackt, zielstrebig ist und durchzieht. Videos rausballert. Dann schafft man das safe.«

Ich hatte einige Beats, Skizzen und sogar fertige Songs in der Schublade, die sich über die Jahre angesammelt hatten. Ich fragte Undercova, ob er Bock hätte AusserKontrolle-Member zu werden und mitzumischen. Er willigte ein und wir verabredeten uns direkt zwei Tage später, um Musik zu machen. Ich hatte genug Beats auf dem Rechner, denn ich kannte einige Beatmaker und Texte waren sowieso nie ein Problem, weil die Straße immer eine Story parat hatte. Wir chillten in einem Keller, wo es mehrere Übungsräume gab, um Musik zu machen. Wir mieteten eines davon, von wo aus ich auch weiterhin Gras tickte. Wir tranken Capri Sonne, aßen Sonnenblumenkerne, rauchten Joints und fanden schnell unseren Flow, so als hätte ich nie eine Pause gemacht. Der Vibe war sofort wieder da, wir sprudelten vor Ideen und pushten uns gegenseitig. Nach ein paar Stunden hatten wir einen Song fertig, der perfekt war, ohne dass wir währenddessen gemerkt hatten, was uns da gelang.

Wer geht in die Bank mit Methan-Gasflaschen?
Sprengt Automaten, Batzen auf Staat sein Nacken.
Wer? Echte Berliner, echte Berliner, echte Berliner.
Wer sind die Kings? Wer macht's den Gangstern vor?
Wer sitzt am Lenkrad und brettert in den Apple-Store?
Echte Berliner, echte Berliner, echte Berliner.

Es war magisch. Die Hook war perfekt. Und ist bis heute eine Hymne der Straße. Jeder kennt sie.

Wir waren hyped, wieder Musik zu machen, aber was daraus werden würde, wussten wir natürlich nicht. Nur zwei Wochen später drehten wir ein Video zu dem Track. Es fühlte sich so an, als hätte jemand einen Schalter umgelegt. Ich war wieder motiviert, ich glaubte daran, etwas bewegen zu können mit meiner Musik. Ich glaubte an meinen Durchbruch. Ich wollte daran glauben, ich musste es. Wir drehten das Video zum Song, ich investierte 5K aus der eigenen Tasche, und wir schlossen uns mit den Jungs von Aggro.TV zusammen, die mit Bushido und vor allem mit Sidos »Mein Block« auf sich aufmerksam machten. Und tatsächlich schien sich diesmal etwas zu bewegen. Unser Video hatte nach zwei Wochen 50K Klicks auf You-

Tube. Verglichen mit heute, ist das natürlich ein schlechter Witz, da hat man nach einer Stunde 50K Klicks, aber für damalige Verhältnisse war das für Jungs wie uns eine gute Sache. Es war Ende Februar 2015, und ich hatte das erste Mal das Gefühl, dass ich eine echte Chance habe, Rapper zu werden. Nur weil ein paar Leute unser Video klickten. Das hat damals schon gereicht.

Ich fackelte nicht lange, ich wollte es diesmal anders machen und dranbleiben. Nur vier Wochen später droppten wir den nächsten Song und das nächste Video. Auf »Echte Berliner« folgte »Ich will alles«. Wieder war Undercova mit auf dem Song, und wieder waren die Klickzahlen in Ordnung. Es war offensichtlich, dass uns der erste Song einen Spalt geöffnet hatte und wir daraus profitieren mussten. Diesmal jagten mich nicht die Bullen, der Staat war nicht hinter mir her. Es war ein anderer Druck. Es war der Druck, meinen Traum zu verwirklichen.

Ich musste den Moment nutzen und tat es auch. Plötzlich hatte ich eine feste Struktur im Alltag, ohne dass ich es bewusst so erlebte. Ich schlief aus, aß etwas und traf mich mit Undercova, um Musik zu machen. Natürlich tickte ich auch weiter, ich hatte sogar den Gedanken, dass, wenn mich die Bullen schnappen und ich in den Knast müsste, es imagetechnisch Jackpot wäre, ein paar Videos zu haben, die meine Leute pushen könnten, während ich einsaß. Der Knast ist immer ein Torpedo für die Karriere, zumindest im Rap-Game. Und wenn ich dann wieder draußen war, ging's weiter.

Im Mai 2015 brachte ich den ersten Song, den ich ganz ohne meine Bros machte. »Läuft« droppte nur unter meinem Namen, AK AusserKontrolle. Und es fühlte sich gut an, auch mal allein mein Ding durchzuziehen. Ich dachte inzwischen auch nicht mehr darüber nach, ob ich als Rapper meine Realness verlieren würde. Ich war auf dem richtigen Weg, und mein Bandana gab mir die Sicherheit. Dass ich nicht lockerließ, zahlte sich aus. Die Leute merkten, dass da stetig was nachkam, und klickten die Videos. Wer meinen ersten Song hörte, der kam auf den zweiten, auf den dritten, und so ging es immer weiter wie im Lauffeuer.

Ich investierte das Geld, das ich auf der Straße verdiente, in meine Musik. Die Videos kosteten mich insgesamt mehrere Zehntausend, aber es war der Film, den ich fahren wollte. Ich merkte, dass meine Gier auf den Erfolg und der Ehrgeiz, den Durchbruch zu schaffen, immer extremer wurden. Undercova hatte mittlerweile andere Pläne und hörte deshalb auf mit Musik. Ich blieb weiter dran und feuerte das nächste Video raus. »Flexscheibe« wurde mein viertes Video und ist Bombe bei den Menschen angekommen. Ich gab 10K dafür aus, weil mein Anspruch an mich selbst und mein Produkt immer höher wurde. Und wenn ich nicht an mich und meine Kunst glaube, wer soll es dann tun.

Es war nicht so, dass wir ansatzweise schon etwas verdienten. Im Gegenteil, ich butterte mein Geld in die Sache, ganz ohne zu wissen, ob das jemals etwas werden würde. Es war alles mehr oder weniger immer noch ein Hobby. Ich hatte kein Team, kein Management, ich kümmerte mich selbst um alles und war auf die Unterstützung meines Umfelds, meiner Freunde angewiesen, die auch nicht viel mit Musik und dem Business zu tun hatten. Das Einzige, was ich schon hatte, war eine eigene Facebook-Seite. Die sah professionell aus und diente als Anlaufstelle, wenn Leute auf mich aufmerksam wurden und etwas von mir wollten.

So flatterte nach meinem »Flexscheibe«-Video eines Tages eine E-Mail in das Postfach, das auf der Facebook-Seite hinterlegt war. Mein Kumpel Philippe kümmerte sich um die Seite. Er war ein langjähriger und sehr guter Freund meines jüngeren Bruders Murad und ich vertraute ihm, dass er sich gewissenhaft um die Seite kümmerte und im Auge hatte, was reinkam.

»Davut, es gibt eine Sache, über die wir sprechen müssen.«

»Was denn?«

»Ich habe eine Anfrage, die krass sein könnte.«

»Bietet jemand einen Deal an? Post von einem Major-Label?«

»Nein, es geht um ein Interview. Die Öffentlich-Rechtlichen drehen eine Reportage über den Zusammenhang von Musik und Kriminalität in Deutschland. Und sind auf dich aufmerksam geworden durch deine Musik und die Videos.«

»Ich weiß nicht, Dikka. Die stellen mich dann wie einen bösen Unmenschen hin, es geht gar nicht um meine Musik, sondern nur darum, wie schlimm wir alle sind.«

»Das Ding wird eine große Reichweite haben. Die Leute gucken solche Reportagen. Andere Medien springen auf. Du kannst auf dich aufmerksam machen, auf dich und vor allem auf deine Musik.«

Ich war nicht überzeugt. Ich war mir nicht sicher, was die von mir wollen, und ich wollte nicht als der gewissenlose Bösewicht dargestellt werden. Ich war doch gerade dabei, meinem alten Game den Rücken zu kehren. Ich sprach mit meinem Kollegen Specter darüber, der durch die Aggro-Berlin-Gründung und seine Musikvideos bekannt geworden war. Er war schon lange dabei und kannte sich aus, weil er den Aufstieg von Sido erst möglich machte.

»Unbedingt machen, Bruder. Unbedingt! Wenn der RBB das ausstrahlt, sehen das Hunderttausende. Und wenn andere Medien auf das Thema aufspringen, weil es spektakulär ist, sehen es Millionen.«

»Ja, aber …«

»Mach es, Davut. Du trittst da als Rapper in Erscheinung, der früher mal ein Bandit war. Heute bist du eben nur noch Rapper. Und du hast dein Bandana im Gesicht. Was soll passieren.«

Er war überzeugt, dass die Sache mir einen Push geben würde. Ich vertraute auf das, was Philippe und Specter mir rieten, und sagte zu für die Doku. Das Team vom RBB kam ein paar Tage später vorbei, und wir sprachen über meinen Werdegang, wie ich zum Dieb, zum Banditen, zum Räuber, zum Rapper wurde. Und natürlich wollten sie so viele Einzelheiten wie möglich zu unseren Raubzügen erfahren. Ich gab ihnen das Nötigste, ohne zu viel zu reden, und einige Wochen später erschien eine 45-Minuten-Reportage im Fernsehen mit dem Titel »Hauptstadt der Diebe«. Nach der Ausstrahlung gingen die Zahlen nach oben. Jedes meiner Videos bekam Zehntausende

Klicks in kürzester Zeit. Das Facebook-Postfach quoll über mit weiteren Interview-Anfragen. Jeder Schwanz wollte plötzlich ein Interview. Die Reportage katapultierte mich nach oben, plötzlich war meine Geschichte interessant für die breite Masse. Nur kurze Zeit später erhielt ich wieder einen Anruf von Philippe.

»Na, Dikka, soll ich wieder ein Interview geben?«

»Nein, Bro. Diesmal ist es krasser.«

»Erzähl.«

»Patrick von Universal hat mich angerufen. Er will dich kennenlernen ...«

Ein Typ vom fettesten Label der Welt wollte mich kennenlernen? Ich konnte es nicht fassen. Ich saß zu Hause in meinem Bett, eben erst wach geworden. Ich wollte mir meinen ersten Joint drehen und dann diese Nachricht. War ich endlich angekommen?

Ich sagte Philippe, er solle das noch mal wiederholen. Er sagte wieder dasselbe. Er war seit frühester Kindheit mit Sonus befreundet, der heute einer der krassesten Produzenten in Deutschland ist. Die beiden chillten ihr Leben lang zusammen und kannten daher auch viele Leute aus der Musikszene. Mir war klar, dass Philippe keine Faxen machte, aber ich war im Schock. Endlich!

Wir gingen in derselben Woche zu Universal, um Patrick und seinen Kollegen Ramin zu treffen. Ich wollte den Moment nicht verpassen, nicht dass sie es sich noch anders überlegen. Ich war so aufgeregt, ich erinnere mich kaum an den Termin. Alles ging so schnell, wir saßen zwei Stunden dort, es kam mir wie fünf Minuten vor. Ich habe noch diese ganzen Goldplatten an den Wänden in deren Gängen vor Augen.

Patrick und Ramin waren korrekte Jungs. Wir saßen in einem kahlen Meetingraum, wie man ihn kennt aus den ganzen Filmen. Riesiger langer Tisch mit unzähligen Stühlen und einem Telefon drauf. Patrick erzählte, dass er meine Entwicklung der letzten Monate genau verfolgt hatte und ich in dem, was ich da tat, einzigartig war. Ich nickte immer nur und war in Trance. Phillippe saß neben mir und sprach mehr als ich. Am Ende des Gesprächs war klar: Die wollen mich signen! Universal Music beziehungsweise AKF wollte mich, AK AusserKontrolle, unter Vertrag nehmen. AKF stand für Auf Keinen Fall, ein kleineres Label, das sich Universal angeschlossen hatte und den Fokus auf Rap legte. Patrick war der Chef von AKF. Mir war die Konstellation egal, ich konnte das alles kaum fassen. Es gab nichts, was ich mit diesem Gefühl hätte vergleichen können. Nicht weil ich sonst keine Glücksgefühle empfand, nein, es fühlte sich einfach befreiend an. So als hätte sich alles gelohnt. So als hätte ich alle Zweifler, alle Nixgönner, Lügen gestraft. Wer hatte denn wirklich darauf gesetzt, dass ich es schaffen würde? Niemand. Selbst mein eigener Vater, der mir immer nur das Beste wünschte, hatte mich überall gesehen, aber nicht in der Musik.

Der Deal war ganz einfach. Ich sollte ein Album abliefern und bekam 15K Vorschuss. Der Rest würde folgen, je nachdem, wie sich meine Musik verkaufte. Haha, 15K, wie lächerlich diese Summe klang, aber sie bedeutete die Welt für mich, auch wenn ich 15K in einer Woche beim Ticken reinholte. Das war nun etwas anderes. Es ging um Musik, es war offiziell, es war clean.

Den Vorschuss verballerte ich zwei Tage später für neues Equipment. Ich legte sogar noch weiteres Geld drauf. Ich fühlte mich in der Bringschuld. Ich wollte den Deal, jetzt musste ich beweisen, dass ich der Beste war. Ich kaufte einen neuen Rechner, Boxen, ein heftiges Mikrofon, einen Kompressor. Ich wollte alles auf neuen Geräten aufnehmen. Es war ein gutes Gefühl, bei null anzufangen, alles sollte perfekt sein. Ich telefonierte mit ein paar Kumpels, denn ich wollte auch einen eigenen Aufnahmeraum haben. Die Zeit, in der ich bei Kumpels in deren Wohnung chillte, um Low-key-Musik zu machen, war vorbei, ich wollte etwas eigenes. Sonus und Philippe halfen mir beim Neustart, und Sonus kannte sich auch übertrieben aus bei den Geräten, er wusste genau, was ich brauchte, damit es krass klang. Ich machte ein paar Telefonate und organisierte innerhalb nur einer Stunde einen Raum, der mein Studio sein würde. Es war ein Raum in einem Hinterhaus, das schon extrem heruntergekommen war. Aber es passte alles ins Bild, denn es war mitten im Wedding, in der Pankstraße. Und wie es der Zufall so wollte, lag das Gebäude hinter einer Tankstelle, die allseits bekannten Tickern und Banditen als Treffpunkt diente. Hätte mich jemand, der meine Story kannte, irgendwo geparkt, er hätte es genau dort getan. Mir war das gar nicht so recht, ich wollte meine Ruhe und mich auf die Musik fokussieren. Ich versuchte also, geheim zu halten, dass sich im Hinterhof mein Studio befand, aber das klappte natürlich nicht. Die Leute quatschen immer, das ist normal. Trotzdem blieb ich streng, und es chillten nur Leute in dem Raum, die auch mit Musik etwas am Hut hatten. Meistens jedenfalls.

Sonus und ich verbrachten von da an jeden Tag dort. Meistens trafen wir uns mittags. Ich stand auf, frühstückte und ging direkt ins Studio. Wir beide nahmen das Projekt sehr ernst und sahen es als große Chance, uns zu beweisen. Ich als Rapper, er als Produzent. Er ist ein sehr angenehmer, ruhiger Typ, der ziemlich entspannt auf andere wirkt. Auch wenn der Raum nicht grösser war als 15 Quadratmeter, gingen wir uns nicht auf die Eier, obwohl wir stundenlang, tagelang miteinander dort arbeiteten. Ich wusste, dass er mies talentiert war und der ganzen Sache sehr guttun würde. Er war der perfekte Partner, um ein krasses erstes Album zu bringen.

Ich tat wochenlang nichts anderes, als mich jeden Tag in diesem Zimmer ohne Fenster, was immer vernebelt war, weil wir ständig rauchten, mit Musik zu beschäftigen. Ich ging nachts nicht mehr arbeiten, ich sagte meinen Läufern, dass ich eine Pause einlegte, ich zog mich für die Musik zurück aus der Kriminalität. Ich hatte drei Monate Zeit, um ein Album abzuliefern, und ich verspürte Druck. Ich konnte nicht chillen, auf cool machen, ich musste abliefern. Ich habe richtig geackert und geblutet. Jeden Tag. Meine Jungs, Fux und Undercova, bekamen mit, wie es bei mir lief und schöpften neue Motivation. Ich freute mich sehr, dass sie wieder Bock hatten und wir ein Team waren. Nichtsdestotrotz war ein Solo-Album fällig. Die Jungs halfen mir dabei.

Mein Album »Panzaknacka« droppte im April 2016, und ich bekam Anerkennung von allen Seiten. Die Szene gab mir Anerkennung, Rapper pumpten es in ihren Autos, die Plattenfirma war zufrieden, alles war, wie es sein sollte. Es ging nicht durch die Decke, aber für das erste Album konnten sich die Zahlen sehen lassen. Ich chartete auf Platz 10, was unfassbar für mich war. Vom Wedding in die Charts. Ich fühlte mich bestätigt, auch wenn ich nach außen hin cool blieb und nicht durchdrehte. Ich war nicht bloß real. Ich war auf einem anderen Level, was den Rap anging. Ich bewies, dass ich Struktur hatte, dass ich Flow hatte. Die Szene war im Schock. Die krassesten Rapper. Ich hörte es immer über Dritte. Und das gab mir noch mehr Selbstbewusstsein. Wen hätte es interessiert, wenn ich schlecht gerappt hätte? Alle hätten sich totgelacht. Ich wäre eine Lachnummer gewesen. Aber die Musik war krass. Ich mache keine Musik, weil ich real bin. Ich mache Musik, weil ich ein Motherfucker bin, und zwar als Musiker. Weil ich es drauf habe. Ich bin eine Maschine. Meine Stimme ist einzigartig und meine Zunge flink. Ich habe einen krassen Flow, meine Aussprache ist krass. Wie ich die Worte betone, welche Wortwahl, die Bilder, die ich erschaffe, wie ich meine Struktur mache, welche Beats ich nehme, welches Gefühl ich vermitteln will. Das ist es, was die Leute catcht. Ich mache einen Song und für den Hörer ist es so, als würde er sich eine 3D-Brille in eine andere Welt aufsetzen. In keine Fantasiewelt, sondern in eine echte Welt, die genau so existiert.

»Panzaknacka« war wie eine Initialzündung, eine Bestätigung, dass ich auf dem richtigen Weg war. Nicht, weil ich plötzlich fame war, das gab es bei mir nicht. Niemand erkannte mich, wenn ich den Wedding verließ, und das war auch gut so. Die Zahlen und Klicks stiegen stetig, es war kein Hype, der kurz anhielt und wieder verschwand. Patrick bot mir sofort nach der Abgabe den nächsten Deal an. Ein weiteres Album, diesmal 35K statt 15K als Vorschuss. Es war ein kurzes Telefonat, kein großes Verhandeln. Brauchte es auch nicht. Patrick glaubte an mich, die Frage stellte sich nicht, ob ich mit ihm diesen Weg weitergehen würde. Er, Philippe und Sonus haben mich jeden Tag unterstützt, mir vieles abgenommen, also war mit einem Handschlag auch für mich alles besiegelt.

Alles ging so schnell, ich hatte keine Zeit, die Dinge richtig zu begreifen. Eine Woche nach meinem Release ging es auch schon auf meine erste Tour. Patrick hatte eine Horde Jungs aus Hamburg gesigned, die einen eigenen Film fuhren. Sie hießen 187 Straßenbande und waren eine Clique verrückter Typen, die gemeinsam aufgewachsen waren und auf Rap hängen blieben. Wie schon bei mir glaubte Patrick an die Jungs, noch bevor es alle anderen taten, und nahm sie auf seinem Label unter Vertrag. Ich kannte die Jungs nicht und hörte hier und da lustige Geschichten. Mit einem von ihnen, Bonez, hatte ich im Zuge meines Albums sogar Kontakt. Patrick empfahl mir, ein Feature mit ihm zu machen, also telefonierten wir ein paar Mal, um über den Song zu quatschen. Bonez nahm seinen Part in Hamburg auf und schickte mir die fertige Datei, alles lief reibungslos. Damals gab es diese Politik der verschiedenen Camps nicht, zumal die Jungs und ich noch ganz am Anfang standen. Es ging um geile Musik, das war alles.

Die Straßenbande ging auf Deutschland-Tour im April und Mai, und Patrick fragte mich, ob ich nicht mitwolle, um Erfahrung auf der Bühne zu sammeln und meine erste Show zu spielen als Vorgruppe. Klar, wollte ich mit. Welcher Artist will nicht auf die Bühne. Die Jungs spielten in zwölf deutschen Städten vor mehreren Hundert Menschen, das war für mich noch weit weg. Und plötzlich war es Realität. Die erste Station war in Trier, und am Tag der Show fuhr ich mit Fux, Undercova und ein paar anderen hin. Ich hatte keinen Plan, was mich erwartete, ich hatte meine Playlist dabei, Sonus hatte alles vorbereitet, sodass man den Laptop nur anschließen musste, und ich wollte mich beweisen. Bis dahin war ich nie auf einer großen Bühne aufgetreten, aber ich hatte keine Angst, ins kalte Wasser zu springen. Irgendwann musste es einmal so weit sein.

Wir kamen in Trier an der Halle an und chillten mit den Jungs von 187. Dort traf ich Bonez, GZUZ, Maxwell und die anderen zum ersten Mal. Alle waren extrem gechillt. Sie bufften ihre Joints, tranken ihren Jim Beam und Voddi. Es waren normale Jungs, da gab es noch keinen großen Hype um sie. Ich war den ganzen Tag extrem nervös, weil ich den Auftritt nicht verkacken wollte, aber die Jungs brachten mich mit jeder Stunde ein bisschen weiter runter von meinem Trip. Bonez nahm mich beiseite und gab mir den Tipp, zwei oder drei Longdrinks zu trinken, bevor ich auf die Bühne ging. Ich befolgte seinen Rat, und tatsächlich lief es von da an ganz gut.

Als ich auf die Bühne musste, hörte ich meinen Puls und spürte meinen Herzschlag, aber es gab kein Zurück mehr. Du stehst da im Dunkeln und hörst diesen Lärm des Publikums, das gleich ausrasten wird. Ich ging die sechs Stufen rauf, schob den dicken schweren Vorhang beiseite und stand vor 600 Menschen. In meinem Kopf drehte sich alles, und mir wurde schwindelig, weil ich Schiss hatte, mich zum Affen zu machen. Das Adrenalin schoss durch den Körper, und mit dem ersten Ton des Instrumentals, das aus den Boxen dröhnte, war ich so hyped, als ob ich die letzten Jahre nichts anderes gemacht hätte, als auf der Bühne zu stehen. Ich spielte meine Songs voller Energie runter und verspürte ein großes Glücksgefühl, endlich angekommen zu sein. So zumindest fühlte es sich an, auch wenn ich gerade mein erstes Album droppte und meine erste Show spielte.

Die Tour lief perfekt. Jeder Abend, den ich auf der Bühne verbrachte, gab mir mehr Sicherheit. Die Jungs verstanden sich bestens, und plötzlich lebte ich das Leben eines Musikers. Auf Tour durch Deutschland. Jeden Abend eine andere Stadt, ein anderes Publikum. Ich war unfassbar glücklich. Und das war erst der Anfang.

Nach der Tour gab es keine Pause. Im Herbst 2016 ging es sofort weiter. Mein zweites Studioalbum sollte im Frühjahr veröffentlicht werden. »ASSN«, Auf Staat Seinen Nacken, sollte es heißen. Ein Leitgedanke, den ich schon jahrelang auf der Straße verfolgte. Die Arbeit mit Sonus machte wie immer Spaß. Mittlerweile hatte sich unser Team vergrößert. Jason und Pablokk, zwei Jungs aus dem Wedding, die berüchtigte Blitzeinbrecher waren und auch viel für Rap-Musik übrig hatten, waren mit von der Partie. Sonus und ich waren aufeinander eingespielt, er wusste, was mir wichtig war. Und wir hatten beide Bock, die

Grenzen zu verschieben. Bereits auf »Panzaknacka« hatte ich mit »2065« einen Song, in dem ich sang. Das war ein Novum als Rapper, damals gab es im Rap keinen Singsang – was heutzutage ja fast normal erscheint. Ich war einer der Ersten, der den Mut aufbrachte, nicht nur zu rappen, sondern auch zu singen. Ich wollte mich ausprobieren, steigern, entwickeln. Ich wollte meinem Talent keine Grenzen setzen, nur weil das Publikum ein bestimmten Style von mir erwartete. Wie oft soll ich noch über Einbrüche rappen? Reichte das nicht irgendwann? Klar, das war mein Film, daher kam ich, und ich würde immer wieder aus dieser Welt berichten. Aber es konnte nicht nur diesen einen Teil meiner Persönlichkeit geben. ASSN sollte auch andere Facetten haben, da waren Sonus und ich uns einig.

Das zweite Album wurde melodischer, mutiger, experimenteller. Alles lief im Fluss, wir chillten im Studio, bufften Joints, tranken Jacky Cola und machten Hits. Es war, als ob ich dafür geboren wäre. Ich ließ den Dingen freien Lauf. Wenn ich eine Hook singen wollte, sang ich sie. Wenn ich Autotune benutzen wollte, tat ich es. Wenn mir nach hartem Gangster-Rap war, spittete ich die krassesten Zeilen. Und es fühlte sich alles richtig an. Ich hatte keine Angst, meine Rolle, die des harten Straßen-Rappers, beiseitezulegen und eine andere anzunehmen.

Patrick rief mich immer wieder an und bot an, andere aufstrebende Rapper mit ins Boot zu holen. Er hatte damals einen jungen Typen aus Berlin, Capital Bra, gesigned. Ich hatte von dem Jungen schon was gehört und kannte auch ein paar seiner Songs. Ich fand den Jungen sehr talentiert. Patrick bat mich, mir ein paar Tracks anzuhören, die er mir per Mail schickte. Er wollte den Jungen unter Vertrag nehmen, wollte aber mein Feedback dazu hören. Ich hörte mir die Tracks an und konnte sie sofort feiern. Dieser Capital Bra war schnell, wortgewandt und hatte seine eigene Art zu rappen. Ich griff zum Hörer und sagte Patrick, er solle den Jungen unbedingt klarmachen. Er sollte es nicht bereuen. Capital Bra unterschrieb seinen ersten Deal bei Patrick, den Rest der Geschichte kennt jeder. Damals nahm ich Capi mit auf meine erste Tour im Winter 2016 als Support-Act, heute ist er einer der erfolgreichsten Rapper in Deutschland und hat mehr Nummer-1-Hits als die Beatles.

Wir waren von Tag eins an ein gutes Team. Meine Jungs hatten ein gutes Gefühl dafür, wer ein gutes Feature für mich war und wer nicht. Patrick brachte mich mit Bonez und den 187ern zusammen und stellte mir Capital Bra vor, Kontra K lernte ich durch einen engen Freund aus Berlin kennen, einer meiner Cousins aus Essen kannte Veysel. So hatte ich eine Handvoll krasser Musiker auf meinem zweiten Album als Features, das ist auch eine Wahrheit des Erfolgs. Ich profitierte von guten Jungs, die mit mir Musik machten und die später Superstars wurden. ASSN war mein Meisterstück, ich hatte aufgrund der Vielseitigkeit des Albums, der unterschiedlichen Seiten, die ich zeigen konnte, ein richtig gutes Gefühl. Und ich hatte Recht. Das Album landete auf Platz drei der Charts, und der Song mit Bonez, »Jim Beam & Voddi«, erlangte mit über 200 000 Verkäufen Goldstatus. Ich hatte mein erstes Gold. Und ich hatte es nicht geraubt, ich hatte es niemandem abgezogen. Ich hatte es verliehen bekommen.

13. REIN RAUS

Ich bin kein guter Junge

Mitte Mai 2017 hatte ich den miesesten Hype meiner Karriere als Rapper. Mein Album *A.S.S.N.*, »Auf Staat sein Nacken«, kam am 4. Mai, und die Leute flippten aus.

Mein Telefon klingelte jeden Tag ununterbrochen. Meist war mein Manager Patrick in der Leitung.

»Davut! Unfassbar.«

»Was denn, Dikka?«

»›Jim Beam & Voddi‹ als Single ist schon Gold! Das Album steuert auch auf die sechsstelligen Verkaufszahlen zu!«

»Meinst du das ernst?«

»Ja, kein Spaß. Hier melden sich jede Stunde irgendwelche Leute mit allen möglichen Anfragen. Da kommt was auf dich zu.«

Es war einfach nur krass. Darauf hatte ich jahrelang gewartet. Ich wusste, dass es eines Tages so kommen würde, aber jetzt fühlte es sich trotzdem unglaublich an. Ich war dafür geboren worden. Endlich wurde das auch draußen anerkannt. Den ganzen Mai über war ich hyped. Auch weil ich mit Capital

Bra auf Deutschland-Tour war. Wir hatten gemeinsame Bekannte, und Capi war in etwa auf der gleichen Stufe seiner Karriere wie ich. Er brachte 2016 sein erstes Album raus, und im Februar 2017 folgte sein *Makarov Komplex*. Wir hingen nicht viel miteinander ab, weil wir beide unsere eigenen Leute hatten, aber wir verstanden uns gut und hatten dasselbe Ziel. Wir wollten ganz nach oben. Wir wollten Rap-Superstars sein. Also lag es nahe, dass wir uns für eine gemeinsame Tour zusammenschlossen. Das Management setzte sich an einen Tisch, und die Sache war safe. Capital und ich hatten richtig Bock. Wir wollten nur noch losziehen und in ausverkauften Hallen spielen. Weil wir uns immer als »Echte Berliner« betitelten, war der Name unserer Tour auch schnell gefunden: »Die Echte Tour«.

Ich lebte meinen Traum. Tagsüber schliefen wir und chillten im Tourbus, abends standen wir vor unzähligen Menschen auf der Bühne und zogen unsere Shows durch. Zwischendurch rief Patrick an und vermeldete eine geile Nachricht nach der anderen. Es hätte nicht besser laufen können.

Ein paar Tage vor Ende der Tour, wir waren an dem Tag in München im »Backstage«-Club, nahm mich mein jüngerer Bruder Jusef zur Seite. Ich kam gerade vom Soundcheck, als er mich im Backstage abfing.

»Davut, komm mal bitte. Wir müssen reden.«

»Kann das nicht warten, Bruder? Ich muss mich frisch machen, was essen und dann geht die Show los. Ich muss auf die Bühne.«

»Nein, das kann nicht warten«, sagte Jusef. »Komm mal mit in die Maske, da ist niemand. Ich habe dir was zu sagen.«

Wir liefen den Gang runter bis in einen Raum, der voller Spiegel war.

»Arafat und Bushido wollen dich in ihrem Team. Die wollen dich signen.«

»Was wollen die von mir?«

»Die wollen dich signen, Davut. Ersguterjunge-Label. EGJ, Dikka!«

EGJ war durch Bushido landesweit eine miese Nummer geworden. Er hatte jahrelang Nummer-eins-Alben rausgehauen und war in aller Munde. Seinen Rücken Arafat, der auch sein Manager war, kannte jeder. Die haben sich die Jahre zuvor mit jedem angelegt und sind neue Wege gegangen. Waren im Balkan auf Tour, haben ein Buch veröffentlicht, einen Film über das Leben von Bushido durchgedrückt und hatten Rapper wie Kay One, Shindy und Ali fame und erfolgreich gemacht. EGJ war eines der krassesten Labels in Deutschland.

»Wie, die wollen mich signen?«

»Was verstehst du denn daran nicht? Die feiern deine Musik, die feiern dich als Typen! Die machen dir ein Angebot. Ich habe schon mehrfach mit Arafat gesprochen, habe mich mit ihm bei Papa Ari getroffen. Er hat mich vorhin angerufen. Es ist offiziell, die wollen dich kennenlernen und in ihr Team holen.«

Ich war überrascht. Jusef kannte ein paar Jungs aus der Verwandtschaft der Abu Chaqer Familie und traf Arafat hin und wieder. So kamen sie wohl ins Gespräch und auf mich zu sprechen. Ich aber kannte die Leute gar nicht, habe nie wirklich mit einem von ihnen zu tun gehabt. Das Label war mir natürlich ein Begriff, und ich wusste um deren Strahlkraft, aber ich war gerade dabei, mir Schritt für Schritt ein eigenes Imperium aufzubauen. Mein Hype ging gerade erst los. Natürlich machte mich die Anfrage stolz, aber es war nicht mehr so, dass ich ein Newcomer war, der nichts zu Essen hatte und jeden Strohhalm annahm, weil er mit dem Rücken zur Wand stand. Ich wurde immer größer. Trotzdem wollte ich mir alles anhören. Das konnte nicht schaden, sagte ich mir.

Eine Woche später, die Tour mit Capital war durch, fuhr ich mit Jusef in die Puderstraße 8. Dort war Arafats Restaurant und direkt eine Tür weiter das Büro von EGJ. Als wir dort ankamen, wartete Arafat schon auf uns.

»Salam Aleikum«, sagte er und bat uns in sein Restaurant.

»Aleikum Salam«, erwiderte ich.

»Schön, dass ihr gekommen seid, Habibi. Was möchtet ihr essen? Was möchtet ihr trinken? Ihr könnt euch alles bestellen. Ihr seid meine Gäste.«

Arafat hat eine väterliche Art an sich. Er kümmert sich um die Menschen, die an seinem Tisch sitzen. Er hat eine imposante Ausstrahlung, auch wenn er nicht der Größte ist. Man merkt ihm an, dass er was zu sagen hat. Dass er es ernst meint.

Jusef und ich griffen nach einem Eistee aus dem Kühlschrank und setzen uns an einen Hochtisch hinten rechts in der Ecke direkt ans Fenster. Im Laden war nichts los. Ein paar Jugendliche chillten vor dem Eingang, immer in der Hoffnung, dass der eine oder andere Rapper von EGJ hier aus dem Nichts auftauchte. Bushido war noch auf dem Weg, also vertrieben wir uns die Zeit mit ein bisschen Smalltalk. Arafat fragte, wie die Tour verlaufen war, und gratulierte zum Hype um »Jim Beam & Voddi«.

Nach einer halben Stunde kam auch Bushido endlich. Wir begrüßten uns freundlich, und Arafat schlug vor, nebenan weiterzureden, wo wir unter uns waren.

Das EGJ-Büro war ein sehr großes Hinterzimmer. Darin standen ein Schreibtisch mit Computer, eine Sitzecke mit Couchtisch, zwei Sofas und ein Sessel, alles aus Leder, und sehr viel Gerümpel. Es war eine Mischung aus Büro, Wohnzimmer und Abstellkammer. Hier trafen sich alle, die mit Arafat und Bushido Business machten. Wir setzten uns hin, ich steckte mir eine Zigarette in den Mund, und Bushido kam sofort zum Punkt.

»Arafat und ich wollen unser Label größer machen. Wir wollen die absolute Nummer 1 sein. Mit den besten Jungs und Künstlern in unserem Team. Wir wollen alle ficken. Niemand soll uns das Wasser reichen. Jeder soll nach Berlin gucken, weil wir alles rasieren und zerlegen, weil wir die krasseste Musik machen, die krassesten Videos drehen, die miesesten Künstler haben. Und das meiste Cash machen.«

»Das sei euch von ganzem Herzen gegönnt, Habibi. Aber was ist meine Rolle? Ich bin gerade dabei durch die Decke zu gehen. Das Album hat eingeschlagen, die Tour mit Capi war Jackpot. Ich mache gerade miese Welle«, sagte ich.

Bushido nickte. »Ja, Bruder. Ganz krass, was bei dir im Moment abgeht. Ich kriege es mit und feiere deine Art zu rappen sehr. Kannst du dir vorstellen, mit mir gemeinsam einen Song zu machen? Ich bin gerade daran, mein Album *Black Friday* fertigzustellen, und bin jeden Tag im Studio. Ich habe einen Beat, der perfekt passen würde. Kannst du dir vorstellen, den Song mit mir zusammen zu machen?«

Bushido war eine miese Nummer im Rapgame. Man wurde überall mit seiner Musik konfrontiert. Ich habe es nie richtig gepumpt, aber ich hatte Respekt davor, was die Jungs geschafft hatten. Sie gehörten zu denjenigen, die Deutschrap groß gemacht hatten.

»Lass uns einen Song gemeinsam aufnehmen«, war sein Vorschlag.

»Klar, Bruder. Warum nicht. Ich habe Bock, was zu machen. Ich kenne deine Musik aus den letzten Jahren und kann damit was anfangen. Wir können safe ein Brett zusammen raushauen«, sagte ich.

Bushido schickte mir nach unserem Treffen einen Beat. Ich hörte ihn mir an, und er erinnerte mich leicht an den Song »Echte Berliner«, den ich zwei Jahre zuvor rausgehauen hatte.

Ich schickte ihm die Hook zu »Echte Berliner« mit dem Angebot, die Lyrics anzupassen und das Ganze neu auf seinem Beat aufzunehmen. Ich schlug ihm vor, eine Art Remake zu machen und den Song gemeinsam aufzufrischen, Parts neu aufzuteilen. Er feierte die Idee, auch weil ihm die Hook so gefiel. Es war genau das, was er sich vorgestellt hatte: Ein Song über seine Vergangenheit und die Härte Berlins für Jungs mit ausländischen Wurzeln, wie wir es waren.

Wer sind die Kings? Wer hat die Krone auf?
Geht zweimal Platin und hat paar Millionen verkauft?
Echte Berliner
Echte Berliner
Wer steigt in den Benz mit Ballermann in Hand?
Fährt paar hundert Kilometer zu dem Baba deiner Stadt, wer?
Echte Berliner (echte Berliner)
Echte Berliner (echte Berliner)

Ich hatte alles schon geschrieben und ein klares Bild im Kopf, wie der Song brettern würde, als ich vier Tage später im Studio von Konne und Vinzent, besser bekannt unter den Namen Djorkaeff und Beatzarre, den Produzenten von Bushido, ankam. Bushido hatte seine Session an einem anderen Tag, wir nahmen nicht gemeinsam auf. Ich ging ins Studio und nahm meine Parts mit den Jungs auf. Es dauerte keine zehn Minuten und ich war safe. Meine Strophe ein paarmal, die Hook ebenso, das war's. Irgendwann bekam ich den fertigen Song zur Abnahme, und alles war so, wie ich es mir vorgestellt hatte. Der Song war hart und auf den Punkt.

Wochen später kam Bushidos Album *Black Friday*, und die Leute haben es mies gefeiert. »Echte Berliner« wurde einer der meist gestreamten Songs des Albums, obwohl es kein Video dazu gab. Für mich war die ganze Sache eine coole Nummer. Das war nicht einfach irgendwer, das war Bushido, Dikka.

Ich weiß auch, dass wir sehr unterschiedlich sind. Wir leben in verschiedenen Welten. Meine Texte sind mein Leben, das ist bei mir Realität, das ist Programm. Bei ihm ist das nicht der

Fall. Klar, er hat safe auch was gesehen und erlebt, aber nicht auf dem Level wie ich. Bushido hat gute Musik gemacht, krasse Beats gehabt, aber das war mehr so ein Film, den er geschaffen hat, und nicht sein Alltag. Aber der Junge hat seine ganze Karriere immer heftig verkauft und war die Nummer eins, da gibt es dann nicht so viel herumzunerven. Die Zahlen sprechen für ihn, und dafür hat er meinen Respekt.

Nachdem der Song so eingeschlagen war, verabredeten wir uns nochmal im Papa Ari. Dieselbe Konstellation: Ich fuhr mit Jusef hin, und Arafat und Bushido legten die Karten auf den Tisch.

»Du bist ein sehr respektvoller, bodenständiger Junge. Du stehst zu dem, was du sagst, und für solche Menschen habe ich sehr viel übrig«, sagte Arafat.

»Die Jungs haben mir gesagt, wie fleißig du warst«, fuhr Bushido fort. »Beatzarre meinte, dass du den Song in einem Take perfekt runtergebrettert hast. Es hätte für ihn keine zweite Aufnahme gebraucht, aber du wolltest ein noch besseres Ergebnis abliefern. Man musste dich aus der Aufnahmekabine rausziehen. Zum Song muss ich ja nichts mehr sagen, die Leute streamen wie blöd. Wir würden gern enger mit dir zusammenarbeiten. Wir wollen dir einen Deal bei EGJ anbieten. Es werden vielleicht noch ein oder zwei andere Jungs zu unserem Team stoßen, aber du bist uns besonders wichtig.«

Nach dem gemeinsamen Song hatte ich mich immer mehr mit der Idee angefreundet, im EGJ-Team zu sein. Ich wollte im besten Team spielen und die große Bühne haben. Ich hatte es mir über Jahre erarbeitet. Es war so, als wenn man vom FC Bayern ein Angebot bekam, weil man vorher bei einem kleineren Club gut performt hatte.

Ich sagte zu, und die ganze Sache ging sehr schnell. Mein Management bekam einen Vertragsentwurf und man schickte sich das Papier ein paarmal hin und her, bis alle Punkte gepasst haben. Das war kein großes Ding, schließlich wussten die Jungs, dass sie mich nicht abziehen konnten – das wollten sie auch gar nicht. Ich unterschrieb einen Deal bei Ersguterjunge. Ich sah mich schon den nächsten Schritt meiner Karriere machen. Den letzten Schritt, bevor ich mein eigenes Label gründen würde. Diese Idee trug ich damals schon im Kopf herum. Ich wollte mein eigenes Label gründen, meine eigenen Künstler signen und mein Imperium aufbauen.

Doch es kam ganz anders. Der Plan, bei EGJ den nächsten Schritt zu machen, zündete nicht. Es passierte einfach nichts. Wir sprachen bei unserem Treffen bei Papa Ari direkt über mein nächstes Album, über einen Sampler des Labels, mit dem wir alle ficken wollten. Bushido, Shindy, Ali und ich waren schon EGJ, es folgten Laas, Samra und M.O.030. Alle gemeinsam auf einem Album.

Aber es sollte nie dazu kommen. In der Szene verbreitete sich das Gerücht, dass Arafat und Bushido miteinander gebrochen hätten. Bei unseren wenigen Treffen spürte ich eine leichte Kälte zwischen den beiden. Sie versuchten nicht, mich gemeinsam vom Projekt EGJ zu überzeugen, sondern immer einzeln. Sie spielten sich die Bälle im Gespräch nicht zu. Wenn Arafat sprach, guckte Bushido etwas desinteressiert durch die Gegend. Wenn Bushido das Wort ergriff, checkte Arafat sein

Handy. Jetzt im Nachhinein kann ich mich vielleicht an ein paar kleinen Hinweisen festhalten, aber das wäre auch Quatsch. Sie waren über zehn Jahre ein starkes Duo und haben alles gefickt. Zusammen als Team, Künstler und Manager. Sie haben Millionen verdient. Ich wollte nicht glauben, dass das jetzt wegen eines Streits einfach so zu Ende sein konnte. Wir hatten viel vor, sie hatten gerade erst mehrere Signings für ihr Label klargemacht. Sie redeten zwar kaum miteinander, aber zogen die Show durch. Ich kam nicht auf die Idee, dass alles vorbei sein könnte, noch bevor es für mich begonnen hatte.

Auch bei einem Treffen im Papa Ari, zu dem alle Künstler angetanzt waren, ließen die beiden nicht durchsickern, dass im Hintergrund Beef war. Alle wurden auf das gemeinsame Projekt, den EGJ-Sampler, eingeschworen. Jeder sollte seinen Teil dazu beitragen, und es würde durch die Decke gehen. Das Treffen dauerte nur eine Stunde, wir gingen alle auseinander, und keiner ahnte, dass dies verschwendete Zeit gewesen war.

Was mich stutzig machte, war die Stille, die danach aufkam und immer länger andauerte. Ich war im Startblock und wollte loslegen und Musik machen, aber es ging nichts vorwärts. Wir hatten eine EGJ-WhatsApp-Gruppe, wo alle Künstler kommunizieren konnten. Trotz der Gerüchte sprach keiner das Thema an. Es wurde so getan, als wäre alles in Ordnung. Die Stimmung untereinander war gut, jeder machte sein Ding und postete in der Gruppe, dass er schon Songs und Skizzen ready hatte und nur auf den Startschuss wartete, aber es kam keine Ansage.

Ich hatte schon mehrere Sachen in der Pipeline, wollte einen Song mit Shindy droppen. Unsere Musik könnte unterschiedlicher nicht sein, aber wir haben uns vom ersten Tag an super verstanden und waren auf derselben Wellenlänge. Wir wollten beide unbedingt einen gemeinsamen Song und schickten uns privat die Parts zu. Nur von Bushido kam nie was. Er nahm nicht am Austausch teil. Er lieferte keine Ideen, er beteiligte sich nicht am Prozess. Nach und nach bestätigte jeder in der Gruppe, seine Parts im Kasten zu haben, aber von Bushido hörte man gar nichts.

Für mich war das richtig anstrengend. Ich hatte meinen Hype und war motiviert, noch mehr Gas zu geben. Mein Manager Patrick legte mir keine Steine in den Weg. Er sah, genauso wie ich, die Chance, bei EGJ den nächsten Step zu machen, und freute sich für mich. Das war richtig korrekt von ihm. Er schrieb mir häufiger und fragte nach, wann es endlich losging.

Aber es sollte nie losgehen. Stattdessen wurde es immer ruhiger. Es wurde fast gar nicht mehr kommuniziert, bis wie aus dem Nichts eine Nachricht von Bushido in die Gruppe gepostet wurde mit der Ansage, dass es wieder ein Treffen gebe, zu dem alle erscheinen mussten. Ich wusste sofort, was Sache ist.

Drei Tage später das übliche Bild. Alle bei Papa Ari im Büro. Die Stimmung war bedrückt, keiner hat Späße gemacht. Es wurde viel geraucht und gewartet. Gewartet, dass einer der beiden, Arafat oder Bushido, mit der Wahrheit rausrückte. Einer musste es aussprechen. Die Gerüchte zu Tatsachen machen.

Arafat tat es. Es dauerte nur zehn Minuten. Ich weiß nicht mehr, was er genau gesagt hat. Unterschiedliche Meinungen. Keine gute Basis. Schwer, weiter etwas gemeinsam aufzubauen.

Keine guten Aussichten. Kein Sinn. Diese Fetzten habe ich noch im Kopf. Es war jetzt Fakt: Die beiden hatten Stress. Es würde kein EGJ-Label mehr geben, wie es vorher existiert hatte. Die ganzen Pläne waren offiziell für den Arsch.

Arafat wiederholte sich. Es war offensichtlich, dass er richtig abgefuckt war, auch wenn er nicht laut wurde. Er versuchte aber, Bushido nicht vor der Gruppe schlecht zu machen. Es fiel ihm allerdings schwer, das hat man ihm angesehen. Er bot jedem an, selbst zu entscheiden, wie sein Weg aussehen sollte. Ob er mit ihm oder mit Bushido weiter Geschäfte machte.

Für mich war klar: Ich entscheide erst mal gar nichts. Und schon gar nicht hier und jetzt. Ich wollte nach Hause und ein paar Tage darüber nachdenken, was für mich das Beste war. Ich hatte nicht mal richtig losgelegt, und es war schon zu Ende. Ich hatte mir alles ganz anders vorgestellt.

Andere Jungs waren da nicht so entspannt wie ich. Shindy war richtig abgefuckt.

»Wollt ihr mich eigentlich verarschen, oder was? Was macht ihr für einen Film mit mir? Ihr habt da euern Krieg seit Monaten und fickt mich in meinem Urlaub mit eurer Scheiße. Ist das euer Ernst?«

Shindy bezog sich damit auf einen Vorfall ein paar Wochen früher. Er war im Urlaub, nur wenige Tage, wollte mit seiner Familie etwas Zeit verbringen. Keine große Sache eigentlich, er flog nicht weit weg, sondern zog sich shindymäßig in ein mieses Luxushotel in der Schweiz zurück. Zur gleichen Zeit machte Bushido Stress in der Gruppe. Wie aus dem Nichts. Es ging um die Box, die mit dem Sampler erscheinen sollte. Dafür sollten

3D-Figuren von allen EGJ-Künstlern angefertigt werden. Alle mussten einen 3D-Scan machen, was kein Problem war, wenn man in Berlin oder einer anderen Großstadt chillte. Wenn man sich aber irgendwo im Nirgendwo aufhielt, war das ein mieser Act.

Shindy textete in die Gruppe, dass er im Moment im Urlaub sei und das erledigen werde, sobald er wieder zurück war. Aber Bushido juckte das nicht. Er schrieb, dass er den Scan innerhalb der nächsten 24 Stunden brauche, da sonst die Box nicht rechtzeitig fertig werde und blabla. Er gab Shindy zu verstehen, dass es ihn nicht juckte, wo er gerade war, und dass er die Daten des Scans sofort brauchte.

Shindy musste also in seinem Urlaub stundenlang durch die Schweiz fahren, um diesen Scan zu erledigen, weil Bushido Stress machte – obwohl der zu diesem Zeitpunkt längst wusste, dass es keinen EGJ-Sampler geben würde. Er machte völlig sinnlos einen Film auf Shindy. Als das bei diesem Treffen klar wurde, hat das Shindy mies auf die Palme gebracht. Er unterstellte Bushido, ihn absichtlich im Urlaub abgefuckt zu haben. Er war kaum zu beruhigen.

»Ich erwarte, dass du dich entschuldigst. Was denkst du, wer du bist?«

»Was willst du von mir?«

»Eine Entschuldigung. Du machst diesen Ego-Film schon immer. Seit wann weißt du, dass es diesen Sampler nie geben wird? Und trotzdem machst du diese Filme. Ich habe einen ganzen Tag damit verbracht, diesen Drecksscan zu machen. Für nichts!«

Shindy war mies angepisst. Man hat richtig gesehen, wie er anfing zu zittern. Er hätte Bushido am liebsten sofort angegriffen. Ich konnte ihn verstehen, aber die Lage entspannte sich, weil sich das Treffen auflöste. Alle wollten nur noch weg.

Mein Fazit: Ich habe ein Jahr meines künstlerischen Lebens einfach weggeworfen. Weil diese beiden Typen sich nicht mehr in die Augen gucken konnten, nachdem sie über viele Jahre alles zusammen gemacht hatten.

Richtiger Absturz. Es hatte immer geheißen, dies oder jenes müsse noch geklärt werden. Jetzt, wenn man sieht, dass die beiden nur noch Krieg führen, weiß ich, dass dieses Projekt niemals wirklich eine Chance hatte. Sie haben mir einfach nur meine Zeit geraubt. Mal hieß es, ein EGJ-Studio würde gebaut, dann wieder stand etwas anderes im Weg. Das war alles Politik, um Zeit zu gewinnen. Wenn es an mir selbst gelegen hätte, dann hätte ich es leichter akzeptieren können – aber so? Ich hatte ja nicht ein Jahr lang geschlafen, sondern Songs geschrieben und daran gearbeitet. Am Ende hatte ich jetzt nichts, ich brachte nichts Neues raus.

Diese Situation hat mein Momentum, die Gunst der Stunde versaut. Ich hatte einen miesen Hype gehabt, aber statt weiter Vollgas zu geben, war ich ein Jahr weg vom Fenster gewesen. Ich hatte natürlich Musik gemacht und war mal mit Samra, mal mit Laas, mal mit Shindy im Studio gewesen, aber letztlich wurde nichts draus. Alles umsonst. Für den Arsch.

Ein paar Tage nach diesem letzten Treffen wurde mir klar, dass ich einen Schritt überspringen musste. Ich brauchte kein EGJ, ich konnte mein eigenes Ding machen. Ich rief Arafat an und erklärte ihm, dass ich weder mit ihm noch mit Bushido weitermachen wollte. Ich würde mein eigenes Ding durchziehen. Ich musste meine Karriere in die eigenen Hände nehmen, mein eigenes Label gründen. Arafat versuchte nur kurz, mich zu überzeugen, mit ihm gemeinsame Sache zu machen. Er merkte schnell, dass er auf taube Ohren stieß. Ich hatte meine Entscheidung getroffen. Und niemand konnte mich davon abbringen, meinen eigenen Weg zu gehen.

Es gab keinen Grund für Streit. Ich hatte zu Arafat immer ein gutes Verhältnis. Wir sprechen beide arabisch, konnten uns also auf beiden Sprachen bestens unterhalten. Er ist ein gläubiger Typ, betet fünfmal am Tag und ist ein paar Jahre älter als ich. Natürlich habe ich ihm immer Respekt gezollt, das ist normal. Er ist älter, hat viel geschafft im Leben. Er redet gern über den Islam, weiß viel darüber. Ich respektiere es sehr, wenn sich Menschen dem Glauben widmen. Wir waren nicht so eng, aber man hat sich gegenseitig geachtet und gemocht. Er hat mir immer das Gefühl gegeben, dass er mich ernst nimmt und meine Haltung zum Leben verstehen und nachvollziehen kann.

Bushido traf ich nur ein paar Tage später ganz zufällig beim 187-Konzert in Berlin, zu dem wir beide eingeladen waren. Als wir vor der Show zusammen draußen standen, nahm ich Bushido zur Seite. Ich wusste, dass ich auch mit ihm alles ganz sauber klären musste. Das war mir wichtig. Als ich meinen EGJ-Vertrag unterschrieb, stand sein Name, Anis Mohamed Youssef Ferchichi, als Vertragspartner drin. Auch, wenn er mit Arafat zusammen das Label geführt hatte, sein Name stand im Vertrag.

»Ich habe es Arafat schon gesagt, ich will und werde mein eigenes Ding machen. Ich habe jetzt ein Jahr verschwendet und bin kein Millimeter weitergekommen. Ihr habt eure Probleme, aber damit habe ich nichts zu tun. Ich muss Musik machen und meine Familie ernähren. Ich brauche einen Aufhebungsvertrag von dir und will keinen Stress verursachen. Ich habe euch keinen Cent gekostet oder durch euch irgendwas verdient. Das Ding ist klar.«

»Wenn du möchtest, kannst du weiterhin bei EGJ bleiben. Das ist mein Label. Es existiert genauso weiter wie bisher, nur eben ohne Arafat.«

»Das ist nichts für mich. Ich will keine Politik machen. Ich habe vor einem Jahr bei einem Label unterschrieben, das es in der Art nicht mehr gibt. Du willst ja auch nicht irgendwann lesen, dass ich bei Ari unterschrieben habe und dann dissen wir uns und machen Ansagen gegeneinander. Das wollen wir beide nicht, also lassen wir es. Mach mir den Aufhebungsvertrag fertig, und die Sache ist vom Tisch. Ich bin dir nichts schuldig und du mir auch nicht.«

»Alles klar. Ich habe kein Interesse, mit dir irgendwelche Konflikte zu haben. Ich lasse dir den Aufhebungsvertrag zukommen. Das Ding ist geklärt.«

Zwei Tage später bekam ich die Unterlagen zugeschickt. Ich unterschrieb, scannte die Seiten ein und war nicht mehr Teil von Ersguterjunge. Scheiß drauf. Ich würde mein eigenes Label aufziehen, auf niemanden mehr angewiesen sein, nur noch selbst in der Verantwortung stehen. Als ich den Aufhebungsvertrag in der Tasche hatte, rief ich Arafat an und bat ihn um ein

Treffen. Ich fuhr zu Papa Ari und wir setzten uns an einen Tisch. Ich wollte ihm noch mal persönlich sagen, wie meine Situation war.

»Ich habe meinen Aufhebungsvertrag, Ari.«

»Was hast du?«

»Bushido hat mir den Aufhebungsvertrag klargemacht. Alles ist unterschrieben. Ich bin raus.«

»Warum hast du nichts gesagt? Ich hätte das für dich geklärt. Warum hast du mich nicht gefragt? Warum hinter meinem Rücken?«

»Da lief nichts hinter deinem Rücken. Ich habe Bushido bei einem Konzert getroffen und ihm die Lage erklärt. Er hat keine Filme gemacht und mir den Vertrag zwei Tage später zugeschickt. Ich kümmere mich seit meiner Kindheit um mich selbst, das weißt du doch.«

»Ja, aber wir könnten doch zusammen was machen in Zukunft.«

»Nein, Ari. Ich mache jetzt, was ich möchte, mein eigenes Ding. Ich habe ein Jahr gewartet, und es ist nichts passiert. Ihr habt eure Dinge zu klären, damit habe ich nichts zu tun. Ich muss für mich und meine Familie sorgen. Ihr habt Millionen verdient. Ich muss meine Mios noch machen.«

Arafat war traurig, dass wir nicht zusammen in einem Boot saßen, er war enttäuscht, ließ Dampf ab. Er fing an, sich zu erklären, warum er im Recht war, aber letztlich hatte er längst verstanden, dass es nichts brachte, auf mich einzureden.

Nach dem Gespräch mit Arafat war ich kein guter Junge mehr. Das EGJ-Kapitel war endgültig erledigt.

14. LUCKY LUKE

Gegen jede Regel

Die Sache mit EGJ hat meinen Vibe gekillt. Ich trat auf der Stelle. Ich hatte mich auf diese Aktion eingelassen, und es war nach hinten losgegangen. Aber: Ich war nicht der Typ, der sich zu lange mit derartigen Dingen aufhielt. Für mich stand fest, ich würde mein eigenes Ding machen. Ich wollte selbst etwas aufziehen. Ich signte meine ersten Deals bei Patrick, dann ging ich zu EGJ, und jetzt spürte ich den Drang, mein eigenes Label zu gründen.

Ich fuhr zu Patrick ins Büro. Ich hatte sein Label verlassen, um mich Bushido anzuschließen, aber wir pflegten noch immer ein gutes Verhältnis. Patrick hatte meinen Weg verstanden und nie Politik gemacht.

»Ich brauche deine Hilfe, Patrick?

»Worum geht es? Ich helfe dir gern.«

»Ich will mein eigenes Ding machen. Und ich meine, mein wirklich eigenes Ding. Ich will ein eigenes Label.«

»Das ist kein Problem, da musst du nur eine GmbH gründen und dann ...«

Ich weiß nicht mehr, was er mir alles erzählte. Ich bat ihn, abermals mein Management zu übernehmen. Bisher war ich in erster Linie Künstler gewesen. Mit dem Label wollte ich auch den ersten Schritt als Unternehmer machen, und Patrick hatte diesen Film schon mehrmals durch, er war der Richtige, um mir zu helfen. Während der ersten beiden Alben hatte ich gemerkt, wie wichtig ein Netzwerk war, wenn man sich weiter hochpushen wollte. Als bekannter Künstler hatte man die Chance, andere hochzubringen. Ihnen Perspektiven zu geben, ganze Karrieren zu ermöglichen. Das Künstlerische ließ sich mit dem Geschäftlichen verbinden. Man konnte daran verdienen. Das war eine gute Sache. Das war genau mein Ding. Die eigene Karriere war begrenzt, ich war nicht sicher, ob ich mit 45 Jahren noch auf einer Bühne stehen und ein junges Publikum erreichen würde. Ich wollte dann nicht wieder nachts in Tankstellen einbrechen, das war vorbei. Wenn ich eines Tages aufhörte zu rappen, würde ich immer noch mein Label haben. Das war mein Leitgedanke, mein Antrieb, das Label zu gründen.

Patrick nahm sich der Sache an, er meldete alles an, schaffte eine Struktur, er kümmerte sich um alles und kam irgendwann zu mir ins Studio.

»Hier unterschreiben!«

»Wie?«

»Wenn du unterschreibst, bist du Label-Boss.«

»Dein ernst? Ich fasse es nicht.«

XY Records war geboren.

Der nächste große Schritt war getan. Auch bei meinen Jungs hat sich viel getan. Undercova, Jason und Pablokk haben mittlerweile auch ihr eigenes Label, BOM Musik. Und gehen ihren eigenen Weg. Fux ist immer noch an meiner Seite.

Ich bin nicht der Typ, der sagt, ich mache das alles nur aus Leidenschaft. Mir geht es auch ums Geld. Ich muss in dem Zusammenhang immer an eine Unterhaltung denken, die ich in einer Radio-Show geführt habe.

»Wenn du zehn Millionen Euro bekommen würdest, würdest du mit Rap aufhören?«

»Ja, klar, sofort. Hier und jetzt.«

»Ernsthaft?«

»Natürlich. Ich versuche, es dir mal anhand meiner Geschichte zu erklären: Da sitzt also ein Junge, ein Kanacke. Er hat keine Aufenthaltsgenehmigung, er hat Probleme in der Familie, er hat immer wieder Geldsorgen, die ganze Familie hat Geldprobleme. Der Junge baut die ganze Zeit Scheiße, er geht klauen, rauben und vertickt Drogen. Und dann bekommt er die Chance auf ein neues Leben. Wie in einem Videospiel. Er fängt neu an. In einer neuen, schönen Welt, in der alles super ist. In der er seine Familienmitglieder aus dem Dreck holen kann, sodass sie auch im Paradies leben. Das Geld ist der Eintritt in eine andere Welt – allerdings muss er dafür mit dem Rap aufhören. Und was tut er nun? Rettet er alle oder geht er seinem Hobby weiter nach, weil ihm das Spaß macht?

»Na ja …«

»Na ja, was? Für mich stellt sich die Frage nicht. So egoistisch könnte ich nie sein, um für meine Leidenschaft, mein Hobby, meine Familie zu opfern. Ich entscheide mich dafür, meine Familie zu retten. Natürlich höre ich mit Rap auf.«

Ich bin nicht Rapper geworden, ich habe nicht mein Label gegründet, weil ich es geil finde, gefeiert zu werden. Oder weil ich darauf aus bin, erkannt zu werden. Dieser Fame, der andere süchtig macht, der die Menschen vergiftet, den habe ich nicht. Ich bin anonym. Selbst wenn ich auf meinem eigenen Konzert durch die Menge ginge, würde der Großteil des Publikums niemals auf die Idee kommen, dass ich es bin. Mich juckt dieser Fame überhaupt nicht. Ich habe mein ganzes Leben undercover gelebt. Mein Ding machen, bloß nicht auffallen, auch beim Staat unter dem Radar laufen.

Auch mit Bandana im Gesicht, bin ich noch die Zielscheibe des Staates. Egal wie erfolgreich ich als Rapper bin oder ob ich als Label-Boss anderen die Chance biete, sich zu verwirklichen. Die haben mich im Auge. Das ist für mich schwer, ich leide darunter. Das ist kein Spaß. Und das, obwohl ich inzwischen Hundertausende Euro Steuern zahle und mir nichts mehr zu Schulden kommen lasse.

Letztens hat mich ein großes Tier von einem großen Label angesprochen und meinte zu mir: »Du bist ein Star.« Das ist für mich voll lächerlich. Ich kann mich nicht als Promi sehen oder ein Star. Egal, was ich erreiche und gewinne. Egal, ob Platz 1 oder Platz 100. Ich bin kein Star. Ein Star ist ein Stern. Der ist unerreichbar für Leute. Ich bin hier im Ghetto. Ich bin für jeden erreichbar. Ein Star lebt in seiner Fünf-Millionen-Villa. Ein Star ist fünf Mal im Jahr im Urlaub. Ich wohne hier im Wedding. Für jeden sichtbar. Ich kann noch immer dieses Land nicht verlassen, weil ich Angst haben muss, nicht wieder einreisen zu dürfen. Das ist kein Star-Leben. Ein Star ist nur von Weitem sichtbar, nicht greifbar für den Menschen. Ich bin Davut. Rapper und Label-Chef

15. HALLO BABA

Brief ins Paradies

Ich hoffe, du hörst mich gut. Ich hoffe, du genießt die Zeit im Paradies und es macht dich stolz, wenn du auf uns blickst und siehst, was wir in den letzten Jahren geschafft haben. Mama geht es gut, wir kümmern uns alle um sie. Ich habe es geschafft, Baba. Ich bin Musiker. Ich habe mein Talent zum Beruf gemacht. Ich gehe jeden Tag meiner Arbeit nach, ich rappe, ich singe sogar. Du hast manchmal gelacht, wenn ich dir sagte, dass ich eines Tages auf Bühnen stehen werde. Es ist wahr. Ich toure seit fünf Jahren jedes Jahr durch Deutschland und spiele in Hallen, die ausverkauft sind. Tausende Menschen kommen nur wegen mir zum Konzert. Sie rappen meine Texte und singen meine Hooks. Viele ziehen sich so an wie ich, sie nehmen mich zum Vorbild. Ich mache keine Scheiße mehr, Baba. Ich stehle nicht, raube nicht, ich laufe nicht mehr weg vor der Polizei. Das ist vorbei. Ich zahle Steuern. Hundertausende Euro. Jedes Jahr. Vor ein paar Monaten habe ich mein viertes Album veröffentlicht. Es war nach einer Woche die Nummer 1 in Deutschland. Ich war die Nummer 1, Baba. Das heißt, dass mein Album innerhalb einer Woche mehr verkauft wurde als irgendein anderes Album. Kannst du dir das vorstellen? Mit meinem Kollegen Bonez habe ich ein Lied gemacht, es heißt »In meinem Benz«, auch das war auf der Eins. Ich habe eine CD aus Gold bekommen, weil ich so erfolgreich bin. Und ja, ich habe einen Benz gekauft für meine Familie.

Ich lebe meinen Traum, Baba. Früher, als wir zusammen im Wohnzimmer saßen und ich dich mit meinen Geschichten nervte, habe ich mir das Leben viel einfacher vorgestellt.

»Ich werde mies Geld machen, Papa. Ich werde berühmt und reich sein ...«

»Davut, es reicht, wenn du ein gutes und ruhiges Leben führen kannst. Du musst nicht reich und berühmt sein. Such dir eine anständige Arbeit.«

»Musikmachen ist eine anständige Arbeit ...«

Du warst nicht überzeugt. Ich wünschte, ich könnte dir alles zeigen und dich überzeugen. Ich habe hart gearbeitet die letzten Jahre, ich habe nie aufgegeben. Heute bin ich eine Instanz im deutschen Hip-Hop. Du hast mir immer gesagt, ich solle vorangehen, meinen Brüdern ein gutes Beispiel sein, damit sie sich an mir orientieren können. Heute bin ich ein gutes Beispiel für Tausende von Jugendlichen, sie eifern mir nach, auch sie wollen ihre Träume verwirklichen. Sie sehen, dass alles möglich ist, auch wenn man scheinbar keine Chance hat. Ich mache es ihnen vor. Ich verbreite meine, unsere Geschichte. Ich höre nicht auf. Auch wenn ich eines Tages nicht mehr auf der Bühne stehe – meine Musik, mein Weg, mein Glaube soll bleiben und anderen als Vorbild dienen.

Ich habe immer noch viele Zweifel, Baba. Ich will noch mehr, du kennst mich. Ich schlafe nicht besonders ruhig. Ich habe zwei Töchter und einen Sohn, die anders aufwachsen sollen, als wir es taten. Ich will ihnen alles bieten und für sie einstehen, so wie du es für uns getan hast. Ich höre nicht auf, ich lasse mich nicht in eine Schublade stecken. Es ist noch viel Luft nach oben, ich habe noch viel vor.

Erinnerst du dich, ich habe dir immer in den Ohren gelegen und dich vollgequatscht, weil wir zu zehnt in unserer Wohnung lebten. Ich wünschte mir immer ein Haus, ein bisschen weiter draußen, in dem alle Platz hätten und wir zusammen wären. Ich werde dieses Haus bald bauen, Baba. Für meine Frau, meine Kinder. Und Mama nehme ich auch mit. Die Angst, am Monatsende die Miete nicht zahlen zu können, wird es nie geben. Ich werde allen Sicherheit geben. Und wenn ich eines Tages nicht mehr bin, haben sie trotzdem ein zu Hause und eine Sicherheit, das treibt mich an.

Noch sind wir alle im Wedding. Du weißt, dass es nicht der beste Ort ist, um sorglos aufzuwachsen. Es ist schlimmer geworden in den letzten Jahren. Aber ich fühle mich immer noch sehr wohl hier, es ist mein Zuhause. Meine Kinder sind noch sehr klein, ich werde dafür sorgen, dass sie nicht mit den Problemen im Kiez konfrontiert werden. Sie sollen erst gar nicht in die Versuchung kommen, die Drogen erst gar nicht sehen und bestimmt nicht selbst nehmen. Du weißt, hier kann man schnell auf die schiefe Bahn geraten, ganz egal, ob man als Vater alles versucht. Ich möchte nicht, dass mein Sohn Drogen nimmt oder in frühen Jahren, so wie ich damals, anfängt, Zigaretten zu rauchen und auf alles zu scheißen. Dass er eines Tages im Knast landet oder sich auf der Straße in Gefahr bringt. Ich denke trotzdem gern an meine Kindheit zurück. Sie hat mich geprägt, mich geschärft wie ein Messer. Nur so konnte ich den Weg gehen, den ich gegangen bin. Und guck wo ich angekommen bin. Und mein Weg ist noch lange nicht zu Ende.

Ich bin ruhiger geworden, Baba. Ich bin reifer. Die Musik, meine Karriere hat Struktur in mein Leben gebracht. Ich weiß heute, was Geduld bedeutet. Das kannst du dir bestimmt nicht vorstellen. Früher hatte ich keine Sekunde Geduld. Alles musste jetzt und sofort passieren. Heute sitze ich stundenlang im Studio, arbeite tagelang an einem Song, manchmal sogar Wochen. Für knapp drei Minuten. Und es macht mir Spaß, weil ich weiß, dass es besser wird, wenn ich den Dingen ihre Zeit gebe.

Die Musik, meine Karriere hat mich von der Straße geholt. Sie hat mir ein neues Leben gegeben. Die Leute sagen immer: Du lebst deinen Traum, Davut. Das ist kein Traum, ich lebe mein Leben. Ich habe sogar eine lange Aufenthaltsgenehmigung, Baba. Drei Jahre bin ich safe. Sie können mich nicht abschieben. Es ist kein Traum mehr. Ein Traum wäre es jetzt, den deutschen Pass zu bekommen. Und ich glaube daran. Ich habe mich mein Leben lang wie ein Mensch zweiter oder sogar dritter Klasse gefühlt. Heute bin ich in die erste Klasse aufgestiegen, zumindest im Moment. Ich bin jetzt privat versichert. Das glaubst du bestimmt nicht. Ich kann zu jedem Arzt gehen, zu den besten des Landes, und sie werden mich behandeln. Du wirst jetzt lachen, aber ich habe mir letztens meine Nasenscheidewand richten lassen, um besser durch die Nase atmen zu können. Du hast oft Witze gemacht, weil ich so nasal sprach, aber jetzt ist auch das besser geworden nach der OP. Als ich dort war, im Klinikum, wurde ich behandelt wie ein König. Ich hatte ein Einzelzimmer. Die Ärzte haben mir alles doppelt und dreifach erklärt, so wie ich manche Dinge meinen Kindern erkläre. Als ich vor der OP noch zum Röntgen gebracht wurde, fragte mich ein Arzt, ob er mit mir warten solle, bis die Bilder gemacht sind, um mir den Weg zurück zu zeigen. Haha. Er hat mich ernsthaft gefragt, ob ich allein klarkomme. Das ist nur ein kleines Beispiel dafür, wie sich meine Welt verändert hat.

Wedding ist noch so, wie du es kennst. Es lässt einen nicht los. Es heißt nicht umsonst: Du kriegst den Jungen von der Straße, aber nicht die Straße aus dem Jungen. Ich bin noch mittendrin, und es gibt mir immer noch Power und Energie, wenn es so brodelt um mich herum. Jetzt, wo ich auf dem richtigen Weg bin, konfrontieren mich die Leute noch mehr mit ihren Problemen, sie erwarten meine Hilfe. Hier im Ghetto sind alle hungrig. Alle sind auf der Lauer und wollen den großen Schnapp machen. Alle geiern. Ich schwimme in einem Haifischbecken. Wenn es klappt mit dem Erfolg und das Geld kommt, kommen die Leute von überall. Jeder probiert es. Aber ich bin nicht Hercules. Ich kann nicht alle besiegen oder sogar alle retten. Deshalb halte ich die Augen offen. Und eine Sache weiß ich, Baba, es gibt für mich kein Limit. Ich mache weiter. Immer weiter.

Irgendwann wird es vorbei sein mit der Karriere, aber das Leben wird weitergehen. Der Hype wird mir ganz sicher nicht fehlen, daran hänge ich nicht. Das Berühmtsein hat mich nie interessiert. Das Bandana im Gesicht ist meine Maske, mein Schutz. Mein Gesicht war nie berühmt. Mich sprechen die Leute nicht auf der Straße an, weil sie ein Foto machen wollen. Sie kennen nur meine Rolle, AK AusserKontrolle, nicht mich, Davut.

Ich habe Drogen getickt, habe Juweliere abgezogen und viele andere Dinge gemacht, um eines Tages ein normales Leben zu führen. Mein größter Coup ist jedoch dieses Tuch in meinem Gesicht. Mit dem Bandana hat vor Jahren ein anderes Leben für mich angefangen. Als ich jung war, daran erinnere ich mich ganz genau, hast du mit Jusef, Murad und mir hin und wieder ein und denselben Film geguckt: *Over the Top* mit Silvester Stallone. Er spielt einen LKW-Fahrer, der eine krasse Maschine im Armdrücken ist. Immer wenn er kurz davor ist zu verlieren, dreht er seine Kappe nach hinten und schafft es dann doch noch zu gewinnen. Er meinte: »Das ist ein ganz simpler Trick. Ich nehme einfach meine Mütze und dreh sie rum. Das ist ganz genauso, als ob man eine Maschine startet.« Bei mir ist es genauso. Sobald ich mein Bandana aufziehe, startet eine Maschine.

Ich hoffe, du bist stolz auf mich.

Dein Davut